Rudolf Stürzer, Michael Koch, Georg Hopfensperger,
Melanie Kolbeck, Detlef Sterns, Claudia Ziegelmayer

Meine Rechte als Wohnungseigentümer

W0196114

Bibliografische Information Der Deutschen Nationalbibliothek

Die Deutsche Nationalbibliothek verzeichnet diese Publikation in der
Deutschen Nationalbibliografie; detaillierte bibliografische Daten sind im
Internet über http://www.d-nb.de abrufbar.

ISBN 978-3-648-01293-2   Bestell-Nr. 06499-0001

1. Auflage 2011

© 2011, Haufe-Lexware GmbH & Co. KG, Munzinger Straße 9, 79111 Freiburg

Redaktionsanschrift: Fraunhoferstraße 5, 82152 Planegg/München
Telefon (089) 8 95 17-0
Telefax (089) 8 95 17-2 90
www.haufe.de
online@haufe.de
Produktmanagement: Dr. Leyla Sedghi

Produktion: bretzinger : media.production, Baden-Baden
Umschlag: Kienle Visuelle Kommunikation, Stuttgart
Druck: Dürrschnabel Druckerei und Verlag GmbH, Elchesheim-Illingen

Zur Herstellung dieses Buches wurde alterungsbeständiges Papier verwendet.

Inhalt

Beschlusszuständigkeit in Zahlungsangelegenheiten 61

Die Wohnungseigentümerversammlung 77

Teilrechtsfähigkeit, Verwaltungsvermögen und Haftung der Wohnungseigentümergemeinschaft 105

Verwalter und Verwaltungsbeirat 113

Einführung

„Herr der eigenen vier Wände" zu sein – wie es das Bundesverfassungsgericht einmal formuliert hat – wird in Zeiten, in denen aufgrund des demografischen Wandels in unserer Gesellschaft immer weniger Verlass auf die gesetzliche Rentenversicherung ist, zunehmend wichtiger. Probleme mit Mietzahlungen häufen sich erfahrungsgemäß dann, wenn beim Eintritt in das Rentenalter die Einkünfte oft drastisch sinken, der bisherige Wohnstandard aber unverändert bleiben soll. Wer frühzeitig vorgesorgt und eine Immobilie erworben hat, ist im Alter mit erheblich geringeren Wohnkosten belastet als Mieter in einer vergleichbaren Immobilie. Allerdings können sich insbesondere in Ballungsgebieten mit hohen Grundstückspreisen nur noch wenige Bürger den Traum vom eigenen Haus im Grünen erfüllen. Viele wollen dies auch gar nicht und denken dabei an die oft arbeitsintensive Pflege des Gartens und der Außenanlagen, mühsames Treppensteigen, aber auch an hohe Energiepreise.

Diese Umstände haben in den letzten beiden Jahrzehnten dazu geführt, dass Eigentumswohnungen auf dem Wohnungsmarkt rasant an Bedeutung gewonnen haben – sowohl im Bereich der Selbstnutzung als auch auf dem Vermietungssektor. Große Wohnanlagen – wie z. B. in den 60er-Jahren – oder Mietshäuser, die einem Eigentümer gehören, werden nur noch ganz vereinzelt gebaut. Im Gegenteil: Solche Immobilien werden zunehmend in Eigentumswohnungen umgewandelt und dann an verschiedene Erwerber veräußert. Damit entstehen nicht nur im Bereich des Neubaus, sondern auch im Wohnungsbestand immer mehr Eigentumswohnungen. Die Kehrseite der Medaille: Wo immer mehr Menschen auf immer engerem Raum leben, entstehen zwangsläufig Konflikte.

Wohnungseigentümer, die ihre Rechte und Pflichten, aber auch die des Verwalters und des Verwaltungsbeirats kennen, vermeiden unnötige Konfliktsituationen. Wer weiß, wie er sich in einer Wohnungseigentümerversammlung verhalten soll, was er bei einer Vermietung beachten muss und wo im Steuer- und Versicherungsrecht die Fallstricke liegen, vermeidet teure Fehler.

Zu allen Fragen und Problemen, mit denen Wohnungseigentümer, Verwalter und Verwaltungsbeiräte konfrontiert werden, geben die Autoren – allesamt Praktiker mit langjähriger Erfahrung im Bereich der Rechtsberatung und Prozessvertretung – praxisnahe Hinweise und Ratschläge, immer unter Berücksichtigung des Wohnungseigentumsgesetzes und der aktuellen Rechtsprechung. Der neue Ratgeber wird seinen Benutzern häufig den Gang zum Anwalt ersparen können.

Alle Probleme des individuellen Einzelfalls und seinen Besonderheiten lassen sich aber auch mit hochwertigen Ratgebern nicht immer lösen. Professionelle Hilfe bieten dann Haus- und Grundbesitzervereine mit Geschäftsstellen in nahezu allen Städten und Gemeinden im Bundesgebiet. Haus und Grund München ist mit mehr als 25.000 Mitgliedern, über die circa 400.000 Wohnungen in München und Umgebung organisiert sind, der größte örtliche Verein im Bundesgebiet. Haus und Grund Bayern ist mit 110 Ortsvereinen und über 115.000 Mitgliedern der größte Landesverband. Alle örtlichen Vereine sind rechtlich und wirtschaftlich selbstständig und über die jeweiligen Landesverbände in der Dachorganisation Haus und Grund Deutschland mit Sitz in Berlin zusammengeschlossen. Über diese Organisationsstruktur werden die Interessen der Mitglieder über die Stadtgrenzen hinaus auch landes- und bundesweit gegenüber den politischen Parteien und Gesetzgebungsorganen vertreten.

Viel Spaß beim Lesen wünscht Ihnen   *Rudolf Stürzer,*
                                              Rechtsanwalt, Vorsitzender
                                              Haus und Grund München

Entstehung des Wohnungseigentums

Warum Wohnungseigentum?

Das Wohnungseigentumsrecht geht von einem anderen Eigentumsbegriff als das Bürgerliche Gesetzbuch (BGB) aus. Bis 1951 war es rechtlich nicht möglich, an einer einzelnen Wohnung in einem Mehrfamilienhaus Alleineigentum zu begründen. Nach der Vorstellung des Gesetzgebers musste das Eigentum an einem Gebäude dem Eigentum an dem Grundstück folgen (§ 94 BGB). Dabei sind die zur Herstellung des Gebäudes eingefügten Sachen wesentliche Bestandteile des Gebäudes. Die wesentlichen Bestandteile können nicht gemäß § 93 BGB Gegenstand besonderer Rechte sein. Die Folge dieser zunächst etwas kompliziert klingenden Eigentumskonstruktion des BGB ist, dass ein Grundstück und ein sich darauf befindliches Gebäude eine rechtliche Einheit bilden, die sich nicht in verschiedene Eigentumseinheiten aufteilen ließ.

Der Gesetzgeber entschloss sich am 15.3.1951 das Wohnungseigentumsgesetz (WEG) auf den Weg zu bringen, um nach dem Zweiten Weltkrieg den besonderen wohnungspolitischen Anforderungen Rechnung zu tragen. Die Wohnungsnot, die schlechte Einkommenssituation großer Bevölkerungskreise und damit verbunden die geringe Eigentumsquote veranlasste den Gesetzgeber, die zwingende Einheit zwischen Gebäude und Grundstück nach der Vorstellung des BGB aufzuheben. Damit war der Weg dafür frei, dass innerhalb eines Gebäudes mehrere Eigentümer zu deutlich geringeren Kosten volles Eigentum an verschiedenen (Wohnungs-)Einheiten begründen konnten. Dieses Vorhaben wurde durch das WEG umgesetzt, das die die Bildung von Sonder- und Gemeinschaftseigentum ermöglichte.

Wohnungs- und Teileigentum

Wohnungseigentum ist das Sondereigentum an einer Wohnung in Verbindung mit dem Miteigentumsanteil an dem gemeinschaftlichen Eigentum, zu dem es gehört (§ 1 Abs. 2 WEG). Neben dem Sondereigentum gibt es das Teileigentum als weitere Erscheinungsform des Wohnungseigentums. Das Teileigentum unterscheidet sich vom Sondereigentum nur dadurch, dass es an gewerblich genutzten Einheiten, z. B. einer Ladeneinheit, besteht, also an nicht zu Wohnzwecken dienenden Räumen eines Gebäudes (§ 1 Abs. 3 WEG).

Sondereigentum und Teileigentum stellen Erscheinungsformen des Wohnungseigentums dar, die sich nur hinsichtlich der Zweckbestimmung unterscheiden, jedoch vom Gesetz gleich behandelt werden (§ 1 Abs. 6 WEG).

 TEIL- UND SONDEREIGENTUM

In einer Teilungserklärung ist bestimmt, dass die Einheit Nr. 1 als Ladengeschäft genutzt werden soll. Aufgrund der Zweckbestimmung zu anderen als zu Wohnzwecken handelt es sich um Teileigentum. Ist dagegen für die Einheit Nr. 1 festgelegt, dass dort eine Nutzung zu Wohnzwecken vorgesehen ist, handelt es sich um Sondereigentum.

Gemeinschaftseigentum

Zum Gemeinschaftseigentum zählen das Grundstück sowie die Teile, Anlagen und Einrichtungen des Gebäudes, die nicht Sondereigentum oder Eigentum Dritter sind (§ 1 Abs. 5 WEG). Dazu gehören auch die Teile des Gebäudes, die für dessen Bestand oder Sicherheit erforderlich sind, sowie Anlagen und Einrichtungen, die dem gemeinschaftlichen Gebrauch des Eigentums dienen (§ 5 Abs. 2 WEG).

Diese Gegenstände und Bauteile sind selbst dann nicht Gegenstand des Sondereigentums, wenn sie sich im Bereich der im Sondereigentum stehenden Räume befinden.

Grundstück, tragende Wände und Decken, (Außen-)Fenster, Balkone, Dächer, Fassaden, Fahrstühle, Fundamente, Estrich, Heizungsanlagen, Hauptversorgungsstränge der Versorgungsleitungen, Schornsteine, Treppenhäuser, Terrassen.

Sondereigentum

Sondereigentum sind nach § 5 Abs. 1 WEG die gemäß § 3 Abs. 1 WEG beschriebenen Räume sowie deren Bestandteile, sofern diese verändert, beseitigt oder eingefügt werden können,

- ohne dass dadurch das gemeinschaftliche Eigentum oder das Sondereigentum eines anderen Wohnungseigentümers über das in § 14 WEG zulässige Maß hinaus beeinträchtigt oder

- die äußere Gestaltung des Gebäudes verändert wird.

Zum Sondereigentum gehört damit im Allgemeinen die Ausstattung des Wohnungs- oder Teileigentums, z. B. die Fußbodenbeläge, Innenwände oder Sanitärgegenstände.

 GEMEINSCHAFTS- UND SONDEREIGENTUM

	Gemein-schafts-eigentum	Sonder-eigentum	Anmerkung
Abflussrohr (Hauptleitung)	X		
Abflussrohr (Zuleitung vom Sonder-eigentum zur Hauptleitung)		X	
Hauptleitungen für Strom, Gas, Heizung und Abwasser	X		

	Gemein-schafts-eigentum	Sonder-eigentum	Anmerkung
Antenne (Gemeinschaftsantenne, Kabelanschluss, Satellitenschüssel)	X		
Anstrich Fassade	X		BayObLG NJW-RR 1991, 976
Aufzug	X		BGH NJW 1981, 455 = ZMR 1982, 60
Außenwand	X		OLG Zweibrü-cken, 2.2.2000, 3 W 12/00
Bad- und Duscheinrichtungen		X	
Balkone			erfordert Abgren-zung
a) Balkonraum		X	OLG Düsseldorf, 21.12.1998, 3 Wx418/1998
b) Konstruktive, der Sicherheit dienende Balkonbestandteile	X		BGH, 25.12001, VII ZR 193/99
c) Balkonplatte, -gitter, -decken, -geländer, -brüstung, -tür und -fenster (ohne Innenseiten)	X		BGH 21.2.1985, VII ZR 72/84
d) Boden-/Plattenbelag, Balkon-verkleidungen		X	BayObLG, 5.5.1993, 2Z BR 29/93
Bodenbeläge (Fliesen, Parkett, Teppich) innerhalb der Wohnung		X	BayObLG 15.1.1980, 2 Z 80/78

Briefkastenanlage	X		AG Pforzheim, 27.5.1994, 2 UR 11 9/94 WEG
Dachrinne	X		BayObLG WuM 1989, 539;
Estrich	X		BGH 6.6.1991, VII ZR 372/89
Etagenheizung (wenn sie nur einer Sondereigentumseinheit dient)		X	AG München 20.12.94, UR 11 312/94
Fassade	X		BayObLG NJW-RR 1991, 976
Fenster			
a) Fensterrahmen, -stöcke, -verglasung	X		BayObLG 3.8.2000, 2Z BR 184/99
b) Innenanstrich und Beschläge		X	
c) Fensterbänke und -simse (nach außen gerichtet)	X		OLG Frankfurt 23.9.1975, 22 U 275/83
d) Fensterscharniere	X		OLG Köln 24.9.1996, 16 Wx 86/96
Fußbodenheizung	X		BayObLG, 8.9.1988, BReg 2 Z 55/87 27/97

	Gemein-schafts-eigentum	Sonder-eigentum	Anmerkung
Garage	Kann im Gemein-schaftseigentum, als auch als Ganzes im Sondereigentum stehen. Dach, Außenmauer, Boden, Bodenplatte, Garagentor sind jedoch zwingendes Gemeinschaftseigentum		Einräumung von Sondernutzungs-rechten möglich
Garten	X		Einräumung von Sondernutzungs-rechten möglich
Heizkörper		X	Jedoch Zuordnung zum Gemeinschafts-eigentum durch Vereinbarung möglich
Heizungsraum	X		BGH NJW 1979, 2391
Innenanstrich (Wohnung, Balkon)		X	
Kamin, bis Abzweigung in die Sondereigentumseinheit	X		BayObLG 20.8.1998, 2Z BR 44/98
Kellerdecke	X		

Rollladen	X		fassadengestaltendes Element, nicht innenseitige Zugvorrichtungen
Speicher	X		
Tankraum	X		KG Berlin 14.11.1988, 24 W 2207/88
Tragende Wände	X		BGH BGHZ 146, 241
Treppenhaus	X		BayObLG NJW-RR 1996, 12
Türen, Wohnungsabschlusstüren einschl. Türrahmen, Klinke und Beschläge	X		OLG Düsseldorf 10.9.1999, 22 U 35/99; jedoch Vereinbarung, dass Sondereigentum möglich ist
Waschküche	X		

 WENN SICH EIN GEBÄUDETEIL NICHT ZUORDNEN LÄSST

Lässt sich ein Gebäudeteil nicht eindeutig zuordnen, spricht eine Vermutung dafür, dass dieser Bestandteil nicht dem Sondereigentum, sondern dem Gemeinschaftseigentum zuzurechnen ist. Als Faustregel gilt, dass zum Sondereigentum viel weniger Gebäudebestandteile gehören, als die meisten Wohnungseigentümer vermuten.

Auswirkung der Zuordnung zum Sonder- oder Gemeinschaftseigentum

Die Zuordnung von Bauteilen oder Gegenständen zum Sonder- oder zum Gemeinschaftseigentum hat Auswirkungen auf die sich daraus ergebenden Rechte und Pflichten der Wohnungseigentümer und der Eigentümergemeinschaft.

So hängt die Frage nach der Verantwortung für die Durchführung von Instandhaltungsmaßnahmen und der anschließenden Zuordnung der Kosten dafür grundsätzlich mit der Eigentumsfrage zusammen – denn nach § 21 Abs. 5 Nr. 2 WEG ist es Aufgabe der Eigentümergemeinschaft, das Gemeinschaftseigentum auf ihre Kosten instand zu halten.

 ZUSTÄNDIGKEIT FÜR REPARATUR

In der Eigentumswohnung von A lässt sich das Wohnzimmerfenster nicht mehr schließen. Der Eigentümer verlangt vom Verwalter, dass er die nötigen Reparaturarbeiten auf Kosten der Eigentümergemeinschaft durchführen lässt. Zu Recht?

Die Antwort, ob die nötigen Reparaturarbeiten auf Kosten der Gemeinschaft durchgeführt werden müssen, hängt davon ab, ob es sich dabei um Reparaturen am Gemeinschaftseigentum oder am Sondereigentum handelt. Nach § 21 Abs. 5 Nr. 2 WEG ist es Aufgabe der Eigentümergemeinschaft, auf ihre Kosten (§ 16 Abs. 2 WEG) das Gemeinschaftseigentum instand zu halten. Die dazu erforderlichen Maßnahmen hat der Verwalter zu veranlassen (§ 27 Abs. 1 Nr. 2 WEG).

Das Außenfenster in der Wohnung von A gehört zum Gemeinschaftseigentum, weil Maßnahmen an ihm den äußeren Eindruck des Gemeinschaftseigentums verändern (§ 5 Abs. 1 WEG). Darüber hinaus sind Abschlusstür und Außenfenster Teile des Gebäudes, die für dessen Bestand bzw. Sicherheit erforderlich sind (§ 5 Abs. 2 WEG).

Der Wohnungseigentümer kann von der Eigentümergemeinschaft die Durchführung der notwendigen Reparaturen auf Gemeinschaftskosten verlangen, wenn die Gemeinschaftsordnung ausnahmsweise nicht eine andere, von § 16 Abs. 2

WEG abweichende Regelung für die Übernahme der Kosten vorsieht. Häufig sind – insbesondere in neueren Gemeinschaftsordnungen – für gemeinschaftliche Bauteile wie Fenster, Türen, Balkone und Versorgungsleitungen Kostentragungsregelungen zulasten der jeweiligen Wohnungseigentümer vorgesehen, da sie wegen der räumlichen Lage ausschließlich von diesen genutzt werden können.

Wie Wohnungseigentum entsteht

Wohnungs- und Teileigentum sind echtes Eigentum im Sinne von § 903 BGB. Wohnungseigentum kann auf unterschiedliche Weise gebildet werden. Es entsteht entweder durch einen Teilungsvertrag gemäß § 3 WEG oder durch eine Teilungserklärung nach § 8 WEG. Dabei dienen die Teilungserklärung bzw. der Teilungsvertrag der Bestimmung der Miteigentumsanteile sowie der Unterscheidung und Abgrenzung von Gemeinschafts- und Sondereigentum. Zusammen mit der Gemeinschaftsordnung legen sie die Zweckbestimmung des Wohnungs- und Teileigentums fest.

Bildung von Wohnungseigentum durch Teilungsvertrag

Sind mehrere Miteigentümer eines (Haus-)Grundstücks vorhanden, können sie durch einen (Teilungs-)Vertrag Wohnungseigentum begründen. (§ 3 Abs. 1 WEG).

Im Regelfall erfolgt die Bildung von Wohnungseigentum dadurch, dass der alleinige Eigentümer eines Grundstücks durch Erklärung gegenüber dem Grundbuchamt das Wohnungseigentum begründet (§ 8 WEG). Der Eigentümer legt in einer Teilungserklärung fest, dass das Eigentum an dem Grundstück in Miteigentumsanteile so aufgeteilt werden soll, dass jeder Anteil mit dem Sondereigentum bzw. dem Teileigentum an einer bestimmten Wohnung oder gewerblichen Einheit in einem bereits errichteten oder noch zu errichtenden Gebäude verbunden wird. Man spricht dann von der sogenannten Vorratsteilung.

BEISPIEL   **BAUTRÄGER ERWIRBT MEHRFAMILIENHAUS**

Ein Bauträger erwirbt von einer Erbengemeinschaft ein Grundstück mit einem Mehrfamilienhaus. Um die bisher im Gesamthandseigentum stehenden Wohnungen einzeln weiterverkaufen zu können, begründet der Bauträger gemäß § 8 WEG Wohnungseigentum an dem Gebäude und veräußert anschließend einzelne Wohnungen an verschiedene Kaufinteressenten.

Form und Inhalt des Teilungsvertrags und der Teilungserklärung

Im Teilungsvertrag bzw. in der Teilungserklärung wird die Höhe der Miteigentumsanteile der zukünftigen Miteigentümer festgelegt. Je nach Größe der Wohnanlage erfolgt die Aufteilung üblicherweise in Tausendstel, z. B. 50/1.000stel, Hundertstel oder Zehntel Miteigentumsanteile.

Eine gesetzliche Bestimmung, welche Größe diese Miteigentumsanteile haben sollten oder dass die Miteigentumsanteile sich in einem bestimmten Verhältnis zur Größe des Wohnungs- oder Teileigentums zu befinden haben, existiert nicht. Der Gesetzgeber hat die Regelung dieser Frage bewusst offen gelassen, da er davon ausgeht, dass die Wohnungseigentümer selbst für eine zutreffende Zuordnung der Miteigentumsanteile sorgen.

Der jeweilige Begründer des Wohnungseigentums kann daher nach eigenem Ermessen die Höhe der einzelnen Miteigentumsanteile festlegen. Um eine gerechte Lasten- und Kostenverteilung zu gewährleisten, sollte für die Festlegung der Höhe der Miteigentumsanteile auf nachvollziehbare und objektive Kriterien, wie z. B. die Wohn- oder Nutzfläche, die Lage der Räume im Gebäude usw. zurückgegriffen werden.

Die Entscheidung über die Höhe der Miteigentumsanteile hat z. B. unmittelbare Auswirkung auf die Verteilung der Lasten und Kosten gemäß § 16 Abs. 2 WEG, sofern keine davon abweichende Regelung vereinbart wurde. Auch spielt die Höhe der Miteigentumsanteile bei der Ausübung von Stimmrechten eine Rolle, wenn abweichend von der gesetzlichen Regelung des § 25 Abs. 2 Satz 1 WEG vereinbart wurde, dass sich das Stimmrecht nach der Höhe der Miteigentumsanteile richten soll (vgl. auch Seite 85).

Grundbucheintragung

Gemäß § 4 Abs. 1 WEG ist zur Einräumung – und im Übrigen auch zur Aufhebung des Sondereigentums – die Einigung aller Beteiligten über den Eintritt der Rechtsänderung und die Eintragung im Grundbuch erforderlich. Für die Einigung müssen alle Beteiligten vor dem Notar erscheinen (§ 925 BGB). Wird die notwendige Form nicht beachtet, führt das zur Nichtigkeit des Teilungsvertrags nach § 125 Satz 1 BGB.

Für jeden Miteigentumsanteil wird ein gesondertes Grundbuchblatt in Form des Wohnungsgrundbuchs (z. B. für eine Wohnung) bzw. des Teileigentumsgrundbuchs für ein Teileigentum (z. B. einen Laden) angelegt, auf dem das zum jeweiligen Miteigentumsanteil gehörende Sondereigentum eingetragen wird.

Weitere Voraussetzung für die Eintragung von Wohnungseigentum ist, dass dem Grundbuchamt der sogenannte Aufteilungsplan vorgelegt wird. Es handelt sich dabei um die von der Baubehörde mit Unterschrift und Siegel oder Stempel versehene Bauzeichnung (§ 7 Abs. 4 Satz 1 WEG).

Aus diesem Plan sind die Aufteilung des Gebäudes, die Lage und Größe der im Sonder- und Gemeinschaftseigentum stehenden Einheiten und Gebäude ersichtlich. Häufig werden die bereits bestehenden Baupläne, die für die Baugenehmigung erstellt wurden, als Aufteilungspläne verwendet. Diese Pläne enthalten Grundrisszeichnungen, Ansichten und Schnitte der Gebäude in einem Maßstab von 1:100. Sie müssen neben der Lage und Größe der Einheit im Sondereigentum auch alle Einzelräume mit der jeweils gleichen Nummer kennzeichnen, die zum selben Wohnungseigentum gehören. Zweck des Aufteilungsplans ist es (neben der Teilungserklärung) das Sondereigentum vom Gemeinschaftseigentum exakt abzugrenzen, damit dem Bestimmtheitsgrundsatz des Sachen- und Grundbuchrechts Rechnung getragen wird.

AUF KLARE ZUORDNUNG ACHTEN

Häufig werden die verschiedenen Räume, die zu einem Sondereigentum gehören, auch farbig gekennzeichnet und mit einer Nummerierung versehen. In der
Praxis kommt es jedoch immer wieder vor, dass Markierungen oder Zuordnun-
gen in den Aufteilungsplänen nicht eindeutig sind. Solche Unklarheiten sollten
Sie unbedingt vor dem Erwerb des Wohnungseigentums klären. Lassen sich die
Unstimmigkeiten nicht ausräumen, besteht die Gefahr von Rechtsnachteilen,
wenn z. B. ein Raum, der zum Sondereigentum gehören und miterworben werden soll, wegen mangelnder Bezeichnung dem Gemeinschaftseigentum zugerechnet wird. Auch miterworbene Sondernutzungsrechte sollten vor Erwerb des
Wohnungseigentums unbedingt anhand ihrer farbigen Markierungen auf ihren
genauen Verlauf und ihre eindeutige Zuordnung zum Wohnungseigentum überprüft werden.

Neben dem Aufteilungsplan ist der Eintragungsbewilligung für das Grundbuchamt noch die sogenannte Abgeschlossenheitsbescheinigung beizufü-
gen (§ 7 Abs. 4 Nr. 2 WEG). Es handelte sich dabei um eine Bescheinigung
der Baubehörde, die bestätigt, dass die dem Sondereigentum zugeordneten
Räume abgeschlossen sind (§ 3 Abs. 2 WEG).

Eine Wohnung ist in sich abgeschlossen, wenn sie vollständig von anderen Wohnungen und Räumen durch bauordnungsrechtlich zulässige Wände und Decken getrennt ist und einen eigenen Zugang vom Gemeinschaftseigentum hat. Zusätzlich muss die Wohnung die Führung eines
Haushalts ermöglichen, insbesondere über eine Küche bzw. einen Raum
mit Kochgelegenheit sowie über eine Wasserversorgung, ein WC und einen Stromanschluss verfügen. Ein Bad, eine Dusche oder eine Heizung
müssen nicht vorhanden sein.

Eine Ausnahme gilt für Garagenstellplätze. Sie sind bereits dann abgeschlossen, wenn sie eine dauerhafte Markierung, z. B. am Boden oder an
den Wänden usw., aufweisen, § 3 Abs. 2 Satz 2 WEG.

Nutzung und Gebrauch des Sonder- und Gemeinschaftseigentums

Regelungsinstrumente

Leben wie in einer Wohnungseigentümergemeinschaft die Eigentümer in gleichberechtigter Form auf relativ engem Raum zusammen, muss geregelt werden, auf welche Weise und in welchen Grenzen das Gemeinschafts- und Sondereigentum genutzt werden darf. Die gesetzliche Grundlage für solche Gebrauchsregelungen findet sich in § 15 WEG, der in gleicher Weise für das Sonder- und das Gemeinschaftseigentum gilt.

Danach können Gebrauchsregelungen durch Vereinbarung, Mehrheitsbeschluss oder aufgrund eines Einzelanspruchs auf ordnungsgemäßen Gebrauch festgelegt werden. Einmal vereinbarte Zweckbestimmungen können jederzeit von den Wohnungseigentümern geändert oder aufgehoben werden, wobei die Wohnungseigentümer die Änderungen mit den gleichen Regelungsinstrumenten umsetzen müssen. Liegen schuldrechtliche Vereinbarungen der Wohnungseigentümer im Sinne von § 15 Abs. 1 oder Abs. 2 WEG vor, so können, sofern keine Öffnungsklausel (vgl. dazu Seite 91 f.) in der Teilungserklärung besteht, die vereinbarten Nutzungsbestimmungen nur durch eine weitere Vereinbarung geändert werden. Diese Vereinbarung muss nicht zwingend in das Grundbuch eingetragen werden. Im Hinblick auf etwaige Rechtsnachfolger (z. B. spätere Erwerber der Eigentumswohnung), die sonst an diese Regelung nicht gebunden wären (vgl. § 10 Abs. 2 WEG), sollte die Vereinbarung jedoch ins Grundbuch eingetragen werden. Solche Vereinbarungen können Wohnungseigentümer z. B. über die Tierhaltung oder Musikausübung eingehen.

Sind im Beschlusswege Gebrauchseinschränkungen nach § 15 Abs. 2 WEG vereinbart worden, können sich die Wohnungseigentümer mit der Thematik erneut in einem Beschluss befassen. Solche Zweitbeschlüsse sind grundsätzlich zulässig.

Gebrauch des Sondereigentums

Der Gebrauch des Sondereigentums wird zunächst durch die Zweckbestimmung, die in der Teilungserklärung festgelegt ist, eingeschränkt. Ist vorgesehen, dass das Sondereigentum nur zu Wohnzwecken verwendet werden darf, dürfen die Räume auch grundsätzlich nur dazu genutzt werden. Selbstverständlich können die Wohnungseigentümer jedoch auch festlegen, dass Räume des Sondereigentums nur zu einem bestimmten Zweck, etwa als Laden, Hobbyraum, Arztpraxis, Büro usw. genutzt werden dürfen. Diese Regelungen werden häufig bereits bei der Erstellung der Gemeinschaftsordnung festgelegt. Die Regelungen beschreiben den Umfang des zulässigen Gebrauchs des jeweiligen Sondereigentums. Ist in der Teilungserklärung lediglich bestimmt, dass das Sondereigentum Teileigentum sein soll, ist damit eine weite Nutzung vorgesehen, die nur vorgibt, dass die Räume nicht zu Wohnzwecken verwendet werden dürfen. Bei diesen Festlegungen des Gebrauchs handelt es sich also um eine sachenrechtliche Zweckbestimmung, die als grober Rahmen dient, wie die jeweiligen Räume nach Entstehen der Wohnungseigentümergemeinschaft genutzt werden dürfen.

Regelmäßig ergibt sich jedoch aus der in der Teilungserklärung verankerten Gemeinschaftsordnung eine konkretere Zweckbestimmung der in der Wohnungseigentumsanlage vorhandenen Einheiten. Solche konkreteren Gebrauchsregelungen werden von der Rechtsprechung als „Zweckbestimmungen mit Vereinbarungscharakter" bezeichnet. Diese Gebrauchsregelungen mit Zweckbestimmung beschreiben konkret, wie das entsprechende Wohnungseigentum genutzt werden darf.

Widersprechen sich Teilungserklärung, Gemeinschaftsordnung und Aufteilungsplan oder weichen die Zweckbestimmungen voneinander ab, so ist die Teilungserklärung letztendlich für die Zweckbestimmung maßgeblich.

Gebrauch des gemeinschaftlichen Eigentums

Auch für das Gemeinschaftseigentum können durch Vereinbarung, Beschlussfassung oder Einzelanspruch Gebrauchs- und Nutzungsregelungen festgelegt werden. Häufig geschieht dies bereits in der Teilungserklärung bzw. der Gemeinschaftsordnung für bestimmte Räume des gemeinschaftlichen Eigentums.

GEBRAUCH DES GEMEINSCHAFTSEIGENTUMS

> Eine bestimmte Grundstücksfläche der Wohnungseigentümergemeinschaft wird als Kinderspielplatz ausgewiesen, eine andere Fläche als Parkplatz, ein Kellerraum ist als Fahrradraum oder als Waschküche vorgesehen.

Ist der vorgesehene Nutzungs- oder Gebrauchszweck zu unbestimmt oder fehlt ein entsprechender Hinweis, kann die Wohnungseigentümergemeinschaft mehrheitlich über den ordnungsgemäßen Gebrauch dieses Gemeinschaftseigentums unter Berücksichtigung der durch § 14 Nr. 1 WEG vorgegebenen Grenzen beschließen.

Grenzen der Nutzung und des Gebrauchs

Sondereigentum

Der jeweilige Wohnungseigentümer darf sein Sondereigentum nur in den vorgegebenen Grenzen nutzen. Daher ist das Sondereigentum an einer Wohnung grundsätzlich nur zu Wohnzwecken zu nutzen. Einer davon abweichende Nutzung ist nur dann ausnahmsweise zuzustimmen, wenn die von der zweckbestimmungswidrigen Nutzung ausgehende Störung aufgrund einer typisierenden – das heißt verallgemeinernden – Betrachtungsweise noch als zulässig zu erachten ist.

Zulässig sind dann auch Nutzungen, die nicht mehr stören oder beeinträchtigen als die vorgesehene Nutzung. Die Rechtsprechung legt bei der Frage der Zulässigkeit einer Nutzung eine typisierende Betrachtung zugrunde, sodass für die Frage der Zulässigkeit einer bestimmten Nutzung nicht endscheidend ist, ob sie im konkreten Einzelfall Störungen verursacht. Zumindest das OLG München (ZMR 2005, 727 ff.) berücksichtigt trotz der gebotenen typisierenden Betrachtungsweise, auch die konkreten Umstände des Einzelfalls.

Gemeinschaftseigentum

Auch der Gebrauch des Miteigentums ist eingeschränkt. Dies folgt aus § 13 Abs. 2 WEG, nach der jeder Wohnungseigentümer nur nach der Maßgabe der §§ 14 und 15 WEG zum Mitgebrauch am gemeinschaftlichen Eigentum berechtigt ist.

Verstöße gegen die Nutzungsregelungen

Nutzt oder lässt ein Wohnungseigentümer sein Sondereigentum zweckbestimmungswidrig nutzen, können die beeinträchtigten Wohnungseigentümer Unterlassung verlangen. Den Wohnungseigentümern steht ein Anspruch gemäß § 1004 Abs. 1 Satz 2 BGB, § 15 III, § 14 Nr. 1 WEG auf Unterlassung der Nutzung zu. Der Unterlassungsanspruch muss nicht zwingend von einem einzelnen Eigentümer geltend gemacht werden, es können auch einige Wohnungseigentümer zusammen gegen den Störer gerichtliche Schritte einleiten.

Gehen die Störungen nicht direkt von dem Wohnungseigentümer aus, haben neben dem verantwortlichen Wohnungseigentümer auch die übrigen Mitglieder der Wohnungseigentümergemeinschaft noch die Möglichkeit, Unterlassungsansprüche direkt gegen den störenden Mieter oder einen sonstigen Dritten geltend zu machen. Auch gegenüber solchen Dritten bestehen direkte Beseitigungs- und Unterlassungsansprüche, da diese Personen im Verhältnis zur Wohnungseigentümergemeinschaft nicht mehr Rechte für sich in Anspruch nehmen kann als der vermietende Wohnungseigentümer.

Solche Beseitigungs- und Unterlassungsansprüche sollten von den Wohnungseigentümern immer zeitnah geltend gemacht werden, auch wenn nach § 195 BGB die Verjährungsfrist zwischenzeitlich drei Jahre beträgt, damit die Ansprüche nicht Gefahr laufen, bereits früher zu verwirken.

Schadensersatz

Verletzt ein Wohnungs- oder Teileigentümer die in § 14 Nr. 1 WEG geregelte Rücksichtsnahmeverpflichtung, ist er den übrigen Wohnungseigentümern für den daraus entstehenden Schaden gemäß §§ 280 Abs. 1 Satz 1, 249 ff. BGB verpflichtet.

Sondernutzungsrecht

Das Sondernutzungsrecht hat eine große praktische Bedeutung im Wohnungseigentumsrecht. Bis zur WEG-Reform wurde es im Gesetzestext dennoch nicht erwähnt. Im neuen § 5 Abs. 4 S. 2 WEG wird nun erstmalig das Sondernutzungsrecht ausdrücklich angesprochen, ohne dass es gesetzlich definiert wird.

Inhalt und Grenzen

Das Sondernutzungsrecht räumt einem oder mehreren Eigentümern durch Vereinbarung nach § 10 Abs. 1 Satz 2 WEG das exklusive Recht ein, einen Teil des Gemeinschaftseigentums unter Ausschluss aller anderen Wohnungseigentümer zu nutzen.

NUTZUNG EINES GARTENTEILS

> Der Eigentümer der Erdgeschosswohnung A verfügt über ein Sondernutzungsrecht an dem seiner Terrasse vorgelagerten Gartenanteil. Die übrigen Wohnungseigentümer dürfen diesen Teil des Gartens nicht nutzen, obwohl der Garten als Grundstück zwingend gemeinschaftliches Eigentum ist (§ 1 Abs. 5 WEG).

Der begünstigte Wohnungseigentümer ist abweichend von § 13 Abs. 2 Satz 1 WEG zum alleinigen Gebrauch des ihm zugewiesenen Teils des Gemeinschaftseigentums berechtigt. Dabei steht ihm als Sondernutzungsberechtigten abweichend von § 13 Abs. 2 Satz 2 WEG auch die daraus zu ziehende Nutzung des Rechts zu (z. B. die Einnahmen aus der Vermietung einer Fläche oder die Früchte des Gartens).

Am besten lässt sich das Sondernutzungsrecht als ein umfassendes Nutzungsrecht beschreiben, das mit den Befugnissen eines Alleineigentümers vergleichbar ist.

SONDERNUTZUNGSRECHTE

Sondernutzungsrechte werden in der Praxis typischerweise an Garten- oder Grünflächen, an Terrassen von Erdgeschosswohnungen, PKW-Stellplätzen im Freien, an Garagen, Kellerräumen usw. eingeräumt.

Begründung von Sondernutzungsrechten

Sondernutzungsrechte können auf verschiedenen Wegen eingeräumt werden. Zur Begründung ist die Eintragungsbewilligung des Berechtigten erforderlich. Sondernutzungsrechte werden häufig bereits bei der Teilung des Grundstücks durch den Eigentümer gemäß § 8 WEG oder in der Teilungsvereinbarung der Miteigentümer gemäß § 3 WEG geschaffen. Der teilende Eigentümer hat auch die Möglichkeit, sich die spätere Einräumung von Sondernutzungsrechten in der Teilungserklärung bzw. im Kaufvertrag vorzubehalten.

Werden Sondernutzungsrechte nach der Begründung des Wohnungseigentums eingeräumt, ist die Zustimmung aller im Grundbuch eingetragenen Wohnungseigentümer erforderlich.

 KEIN BESCHLUSS ÜBER SONDERNUTZUNGSRECHTE MÖGLICH

Sondernutzungsrechte können nicht durch Mehrheitsbeschluss begründet werden, da der Eigentümergemeinschaft die Beschlusskompetenz dafür fehlt. Sollte sie dennoch über Sondernutzungsrechte Beschlüsse fassen, verstoßen diese gegen die zwingenden Regelungen der §§ 10 Abs. 1, 23 Abs. 1 WEG und sind daher nichtig.

Solche vereinbarungsändernden Mehrheitsbeschlüsse müssen nicht zwingend vor dem Wohnungseigentumsgericht angefochten werden, weil sie auch ohne Anfechtungsantrag wegen Verstoß gegen gesetzliche Bestimmungen nichtig sind (BGH NJW 2000, 3500). Dennoch ist die Erhebung einer Beschlussanfechtung bzw. Nichtigkeitsklage in der einmonatigen Klagefrist des § 24 WEG zu empfehlen.

ZUSTÄNDIGKEIT FÜR REPARATUR

Werden Sondernutzungsrechte erst nach Entstehung der Wohnungseigentümergemeinschaft eingeräumt, sollte darauf geachtet werden, dass die entsprechende Vereinbarung aller Wohnungseigentümer als Inhalt des Sondereigentums ins Grundbuch gemäß § 10 Abs. 2 WEG eingetragen wird, da sonst die Gefahr besteht, dass ein späterer Erwerber das Sondernutzungsrecht nicht gegen
sich gelten lassen muss.

Grenzen

Obwohl dem begünstigten Eigentümer durch das Sondernutzungsrecht an
Teilen des Gemeinschaftseigentums ein umfassendes Nutzungsrecht eingeräumt wird, muss auch er sich bei der Wahrnehmung dieses Rechts an ge-
wisse Spielregeln halten.

Beschränkungen ergeben sich zuerst aus der zugrunde liegenden Vereinbarung über die Einräumung des Sondernutzungsrechts. Regelmäßig wird
in dieser Vereinbarung festgelegt, was der Begünstigte zu tun und zu unterlassen hat. Auf eine genaue Festlegung des Umfangs des eingeräumten
Sondernutzungsrechts sollte im Interesse aller Beteiligten großer Wert gelegt werden, da durch eine eindeutige und klare Regelung von vornherein
Streitigkeiten in der Eigentümergemeinschaft vermieden werden können.
Sollten Zweifel über den Umfang des eingeräumten Sondernutzungsrechts
bleiben, ist der Umfang durch Auslegung zu ermitteln. In diesen Fällen
wird auf die Ortsüblichkeit bzw. die Verkehrsanschauung der jeweils eingeräumten Nutzung abgestellt.

SONDERNUTZUNGSRECHT AN GARTENFLÄCHE

Besteht für eine Gartenfläche ein Sondernutzungsrecht, ist der Berechtigte – falls keine anderen Vereinbarungen vorliegen – befugt, die Fläche im üblichen Umfang einer gewöhnlichen Gartennutzung und Gartengestaltung zu nutzen. Er kann z. B. Blumen, Sträucher und Bäume (streitig) anpflanzen, Beete anlegen und auf der Fläche Gartenmöbel aufstellen. Gegebenenfalls muss er für Anpflanzungen die jeweiligen Grenzabstände einhalten. Die Abgrenzung der Gartenfläche durch einen Zaun ist wegen der damit verbundenen baulichen Veränderung (optischer Gesamteindruck der Wohnanlage) grundsätzlich nicht zulässig (streitig); vgl. BayObLG WuM 1999, 188.

Weitere Beschränkungen des Gebrauchs ergeben sich aus der im Zusammenhang mit der Begründung des Sondernutzungsrechts getroffenen Zweckbestimmung.

 EINSCHRÄNKUNGEN DURCH ZWECKBESTIMMUNG

Wird ein Sondernutzungsrecht an einem Spitzboden eingeräumt, bedeutet das nicht, dass der Eigentümer diesen Dachraum zu Wohnzwecken nutzen kann.

Besteht ein Sondernutzungsrecht an einem Kfz-Abstellplatz, heißt das nicht, dass es dem Berechtigten erlaubt ist, auf dieser Fläche auch sein Fahrzeug zu reparieren.

Das Sondernutzungsrecht berechtigt den Begünstigten, wie sich bereits aus der Bezeichnung des Rechts als Nutzungs- und nicht als Gestaltungsrecht ergibt, nur zur Nutzung des ihm überlassenen Teils des Gemeinschaftseigentums. Der Begünstigte hat nur das Recht, den Teil des Gemeinschaftseigentums im Rahmen der ihm eingeräumten Befugnisse zu nutzen, jedoch nicht, es zu verändern. Bauliche Veränderungen kann er nur dann vornehmen, wenn ihm diese in der Vereinbarung über das Sondernutzungsrecht gestattet wurden oder wenn die bauliche Veränderung nach § 22 Abs. 1 WEG unbeanstandet bleibt.

Eine Ausnahme von diesem Grundsatz ist jedoch dann anzunehmen, wenn der Sondernutzungsberechtigte wie ein Alleineigentümer des Gebäudes und des Grundstücks behandelt werden soll. Dies ist häufig bei Reihenhauswohnanlagen oder Doppelhäusern, deren Grundstücke aus öffentlich-rechtlichen Gründen nicht real geteilt werden können, der Fall. In diesen Fällen wird die Auslegung des Sondernutzungsrechts häufig ergeben, dass § 22 WEG nicht gelten soll, damit der Sondernutzungsberechtigte bauliche Maßnahmen im Rahmen der öffentlich-rechtlichen Bestimmung vornehmen kann und nicht schlechter als ein Realeigentümer gestellt wird.

Übertragung von Sondernutzungsrechten

Nachdem das Sondernutzungsrecht untrennbar mit dem dazugehörigen Sondereigentum verbunden ist, kann es isoliert nur auf ein anderes Mitglied der Wohnungseigentümergemeinschaft übertragen werden. Selbstständig kann ein Sondernutzungsrecht ohne das zugehörige Sondereigentum (z. B. an einem Garagenstellplatz) nicht auf einen Dritten übertragen werden. Gemäß § 5 Abs. 4 S. 2 und 3 WEG ist die Zustimmung der dinglich Berechtigten – also z. B. der Grundpfandrechtsgläubiger dazu nicht mehr notwendig.

Kostentragungsregelung

Im Zusammenhang mit Sondernutzungsrechten sind häufig Kostentragungsregelungen Anlass zu Auseinandersetzungen unter den Wohnungseigentümern. Viele Wohnungseigentümer verstehen nicht, dass sie Kosten für eine Instandhaltung oder Instandsetzung übernehmen müssen, die ausschließlich ein Bauteil betreffen, an dem ein Sondernutzungsrecht eines anderen Wohnungseigentümers besteht.

BODEN DES KFZ-STELLPLATZES MUSS ERNEUERT WERDEN

Der Bodenbelag eines Kfz-Stellplatzes, an dem ein Sondernutzungsrecht besteht, muss instand gesetzt werden.

Liegt keine abweichende Vereinbarung für die Übernahme von Instandhaltungs- oder Instandsetzungsmaßnahmen oder die Kostentragung für solche Maßnahmen vor, gilt die gesetzliche Kostentragungsregelung des § 16 Abs. 2 WEG. Danach haben alle Wohnungseigentümer im Verhältnis ihrer im Grundbuch eingetragenen Miteigentumsanteile für die entsprechenden Kosten aufzukommen.

Diese auf den ersten Blick ungewöhnliche Regelung ist jedoch einleuchtend, wenn man sich vor Augen hält, dass es sich bei dem Bauteil um Gemeinschaftseigentum handelt, das lediglich der ausschließlichen Nutzung eines Wohnungseigentümers zugewiesen wurde. Unabhängig von dieser sachenrechtlichen Sichtweise ist aber nachvollziehbar, dass eine solche Kostentragungsregelung von den übrigen Wohnungseigentümern als nicht gerecht empfunden wird.

 KOSTENREGELUNG IN DER GEMEINSCHAFTSORDNUNG

Um solche als ungerecht empfundenen Instandhaltungs- und Kostentragungsregelungen zu vermeiden, sollten Sie vor dem Erwerb einer Eigentumswohnung in der Gemeinschaftsordnung überprüfen, ob sich eine Kostentragungsregelung findet, die das Bestehen von Sondernutzungsrechten berücksichtigt. Nur dann sind Sie vor unliebsamen Überraschungen bei Sanierungsmaßnahmen an diesen Teilen des Gemeinschaftseigentums geschützt.

Als gerechter Verteilungsmaßstab ist eine solche Kostentragungsregelung anzusehen, die dem jeweiligen Sondernutzungsberechtigten die Kosten der Instandsetzung und Instandhaltung auferlegt, da nur er die Fläche oder den jeweiligen Gegenstand nutzen kann.

Rechte und Pflichten der Wohnungseigentümer

Rechte der Wohnungseigentümer

Das Gebrauchsrecht und die Nutzungsmöglichkeiten des Sondereigentümers sind im Einzelnen in § 13 WEG geregelt. Die Befugnisse des Wohnungseigentümers sind mit denen eines Alleineigentümers vergleichbar. Der Sondereigentümer kann sein Wohnungseigentum bewohnen, vermieten, verpachten oder in sonstiger Weise nutzen und andere von Einwirkungen ausschließen.

Beschränkt werden die Rechte des Sondereigentümers durch die §§ 14 und 15 WEG, die dem Sondereigentümer Grenzen und zugleich Pflichten auferlegen.

Wird das Gemeinschaftseigentum vermietet, z. B. eine Wandfläche für Werbezwecke, oder werden Einnahmen für einen Zigarettenautomaten auf dem Grundstück der Eigentümergemeinschaft erzielt, steht jedem der Wohnungseigentümer der Erlös in Höhe seines Miteigentumsanteils zu.

Gemäß § 20 Abs. 1 WEG hat jeder Wohnungseigentümer das Recht, an Verwaltungsmaßnahmen und -entscheidungen mitzuwirken, soweit nicht die Zuständigkeit beim Verwalter oder beim Verwaltungsbeirat liegt.

Dabei hat der Wohnungseigentümer Anspruch darauf, dass die Verwaltungsentscheidungen Maßnahmen einer ordnungsgemäßen Verwaltung darstellen, weil der Gesetzgeber davon ausgeht, dass einzelne Wohnungseigentümer nur dann überstimmt werden können, wenn die (beschlossene) Maßnahme ordnungsgemäßer Verwaltung entspricht. Erfüllt eine Verwaltungsmaßnahme dieses Kriterium nicht, kann der einzelne Wohnungseigentümer den Beschluss binnen Monatsfrist vor dem Wohnungseigentumsgericht anfechten (§ 46 Abs. 1 Satz 2 WEG).

AUFTRAGSVERGABE BEI FASSADENSANIERUNG

Eine größere Wohnungseigentümergemeinschaft plant eine umfangreiche Fassadensanierung. Die Kosten dafür belaufen sich laut Kostenvoranschlag des beauftragten Architekten auf circa 250.000 Euro. Nach Erstellung des Leistungsverzeichnisses schlägt der Architekt eine Ausschreibung der zu vergebenden Arbeiten vor.

Die Verwaltung führt keine Ausschreibung durch, sondern benennt der Wohnungseigentümergemeinschaft eine ihr bekannte Handwerksfirma für die Durchführung der Arbeiten. Die Eigentümergemeinschaft beschließt die Auftragsvergabe an diese Firma, ohne zuvor weitere Kostenangebote von Mitbewerbern eingeholt zu haben.

Der Sanierungsbeschluss kann mit Erfolg angefochten werden, weil diese Vorgehensweise bei einer so umfangreichen Sanierungsmaßnahme nicht ordnungsgemäßer Verwaltung entspricht. Die Rechtsprechung fordert bei größeren Sanierungsmaßnahmen, dass die Verwaltung mehrere Kostenangebote einholt und der Eigentümergemeinschaft zur Entscheidung vorlegt (BayObLG NZM 2002, 564 ff.).

Weitere Maßnahmen ordnungsgemäßer Verwaltung sind im Gesetz ausdrücklich benannt: Nach § 21 Abs. 5 WEG handelt sich dabei um

- das Aufstellen einer Hausordnung (§ 21 Abs. 5 Nr. 1 WEG),

- die ordnungsgemäße Instandhaltung und Instandsetzung des gemeinschaftlichen Eigentums (§ 21 Abs. 5 Nr. 2 WEG),

- den Abschluss einer Feuer-, Haus- und Grundbesitzerhaftpflichtversicherung (§ 21 Abs. 5 Nr. 3 WEG),

- die Ansammlung einer Instandhaltungsrücklage (§ 21 Abs. 5 Nr. 4 WEG),

- die Aufstellung eines Wirtschaftsplans (§ 21 Abs. 5 Nr. 5 WEG),

- die Duldung von Anschlüssen (Telefon-, Rundfunk- oder Elektroanschlüsse), § 21 Abs. 5 Nr. 6 WEG.

Auskunftsrecht

Der Verwalter ist aufgrund seines Verwaltervertrags gemäß §§ 675, 666 BGB verpflichtet, jederzeit auf Verlangen der Wohnungseigentümergemeinschaft Auskunft über sein Verwaltungshandeln zu erteilen. Auskunftsansprüche, insbesondere gegen den Verwalter, stehen grundsätzlich der Wohnungseigentümergemeinschaft und nicht dem einzelnen Eigentümer zu.

In Ausnahmefällen erkennt die Rechtsprechung auch dem einzelnen Wohnungseigentümer einen Individualanspruch auf Auskunft zu, wenn er ein berechtigtes Interesse an der Aufklärung des Sachverhalts hat.

Einsichtsrecht

Einsichtsrechte des Wohnungseigentümers sind im WEG zum Teil gesetzlich geregelt.

- Gemäß § 24 Abs. 6 S. 3 WEG ist jeder Wohnungseigentümer berechtigt, in die Niederschriften Einsicht zu nehmen.

- Nach der Einführung der Beschluss-Sammlung durch die WEG-Novelle hat gemäß dem neu geschaffenen § 24 Abs. 7 S. 8 WEG jeder Wohnungseigentümer oder ein Dritter, den der Wohnungseigentümer entsprechend ermächtigt hat, das Recht, Einsicht in die Beschluss-Sammlung zunehmen.

Das Einsichtsrecht ist ebenso wie der Auskunftsanspruch auf die Erlangung von Informationen gerichtet. Jedoch unterscheiden sich beide Ansprüche hinsichtlich der Mitwirkungspflicht des Verwalters. Der Verwalter muss beim Einsichtsrecht im Gegensatz zur Auskunftserteilung keine Erklärungen abgeben, sondern lediglich Einsicht in die Verwaltungsunterlagen gewähren.

Der Einsicht unterliegen sämtliche Verwaltungsunterlagen, auch die (Einzel-)Abrechnungen sämtlicher Wohnungseigentümer, Buchungsunterlagen nebst den dazugehörigen Belegen, und zwar unabhängig von einem zeitlichen Zusammenhang – wie z. B. einem bestimmten Abrechnungszeitraum.

Das Einsichtsrecht besteht auch dann, wenn der Verwalter bezüglich der entsprechenden Verwaltungsvorgänge bereits von den Wohnungseigentümern entlastet wurde. Auch Datenschutzgründe können dem Einsichtsrecht nicht entgegengehalten werden.

Das Einsichtsrecht kann individuell von jedem Wohnungseigentümer, auch von einem bereits ausgeschiedenen, unabhängig von der Wohnungseigentümergemeinschaft ausgeübt werden. Für die Geltendmachung des Anspruchs auf Einsicht ist auch nicht die Darlegung eines berechtigten Interesses erforderlich, da das Einsichtsrecht der individuellen Kontrolle des Verwalters durch die Wohnungseigentümer dienen soll.

Die Einsichtnahme selbst ist grundsätzlich am Sitz des Verwalters in dessen Geschäftsräumen und unter Berücksichtigung einer ausreichenden Ankündigungsfrist zu gewähren.

Pflichten der Wohnungseigentümer

Die umfassenden Gebrauchs- und Nutzungsrechte können bereits wegen der räumlichen Gegebenheiten einer Wohnungseigentumsanlage nicht jedem Wohnungseigentümer schrankenlos zur Verfügung gestellt werden. Einschränkungen und damit Pflichten können sich aus Vereinbarungen, die sich häufig in der Gemeinschaftsordnung finden, gefassten Beschlüssen oder aus der gesetzlichen Auffangregelung des § 14 WEG ergeben.

Instandhaltungspflicht des Sondereigentümers und Rücksichtnahmepflicht

Nach § 14 Nr. 1 WEG ist jeder Wohnungseigentümer verpflichtet, die im Sondereigentum stehenden Gebäudeteile instand zu halten.

 ERNEUERUNG DES DACHTERRASSENBODENBELAGS

Ein Wohnungseigentümer hat den undichten Bodenbelag seiner Dachterrasse zu reparieren, um Feuchtigkeitsschäden in dem darunter liegenden Estrich bzw. der darunter liegenden Wohnung zu verhindern.

Auch ist der Wohnungseigentümer nach dieser Bestimmung verpflichtet, von dem gemeinschaftlichen Eigentum nur in der Weise Gebrauch zu machen, dass dadurch keinem anderen Wohnungseigentümer über das bei einem geordneten Zusammenleben unvermeidliche Maß hinaus ein Nachteil entsteht. Dabei ist unter Nachteil jede nicht ganz unerhebliche Beeinträchtigung aus der Sicht eines objektiven Betrachters unter Berücksichtigung der Verkehrsanschauung (allgemeine Auffassung) zu verstehen (BayObLG WuM 2002, 160).

Nicht unerheblich ist der Nachteil nur, wenn über die zwangsläufig entstehenden Beeinträchtigungen bei einem geordneten Zusammenleben mehrerer Eigentümer hinaus Störungen auftreten. Zu berücksichtigen ist dabei die jeweilige Besonderheit der Eigentümergemeinschaft hinsichtlich ihrer Größe, Lage und Zusammensetzung.

KINDERLÄRM

In einer Eigentumswohnanlage mit vielen Kindern können stärkere Geräuschemissionen akzeptabel sein. In einer anderen, ruhigen Eigentumswohnanlage würde ein solcher Geräuschpegel bereits einen nicht unerheblichen Nachteil bedeuten, wenn dort überwiegend ältere Leute ihren Wohnsitz haben.

Die Grenzen des zulässigen Gebrauchs sind jeweils im Einzelfall zu klären. Dazu einige Gerichtsentscheidungen als Beispiele:

- Haustiere: Einzelfallentscheidung, KG Berlin ZMR 1993, 440

- Kampfhunde: KG Berlin MDR 2003, 150, nicht zulässig

- Grillen: Einzelfallentscheidung, BayObLG NZM 1999, 575

- Hausmusik: Einzelfallentscheidung, BayObLG WE 1996, 439

Duldungspflicht

§ 14 Nr. 3 WEG sieht vor, dass jeder Wohnungseigentümer Einwirkungen auf die in seinem Sondereigentum stehenden Gebäudeteile zu dulden hat, soweit sie auf einem nach § 14 Nr. 1 und 2 zulässigen Gebrauch beruhen.

Eine praktisch bedeutsame Regelung ist in § 14 Nr. 4 WEG angesprochen. Nach dieser Vorschrift muss der Sondereigentümer das Betreten und die Nutzung der in seinem Sondereigentum stehenden Bauteile gestatten, soweit dies zur Instandhaltung und Instandsetzung des gemeinschaftlichen Eigentums erforderlich ist.

 SANIERUNG DES KAMINS

Der Wohnungseigentümer muss den Zutritt zu seiner Wohnung gewähren, wenn der durch die Wohnung führende Heizungskamin der zentralen Heizungsanlage saniert werden muss.

Das Sondereigentum kann jedoch nur dann in Anspruch genommen werden, wenn dies zur Durchführung der Maßnahme zwingend notwendig ist. Andernfalls kann der Sondereigentümer die Duldung verweigern.

Wird im Zuge der Instandhaltung oder Instandsetzung des gemeinschaftlichen Eigentums das Sondereigentum beschädigt, kann der betroffene Wohnungseigentümer den Ersatz des ihm entstandenen Schadens verlangen (§ 14 Nr. 4 WEG).

 REPARATUR EINER UNDICHTEN DACHTERRASSE

Um eine undichte Dachterrasse zu reparieren, muss auch in der darunter liegenden Wohnung des Wohnungseigentümers A die Wohnungsdecke geöffnet werden. Für den entstehenden Schaden in der Wohnung von A haben alle Wohnungseigentümer gemäß der geltenden Kostenverteilungsregelung einzustehen.

Bauliche Veränderungen

Bauliche Maßnahmen sind in vielen Wohnungseigentümergemeinschaften ausgesprochene Dauerbrenner. Die in diesem Zusammenhang auftretenden Probleme werden in der Gemeinschaft der Wohnungseigentümer oft äußerst konträr diskutiert und ausgetragen. Häufig gibt es verschiedene Lager von Wohnungseigentümern. Die einen sind der Auffassung, sie könnten quasi wie ein Alleineigentümer in ihrer Wohnung alles ändern, ohne dabei Rücksicht auf die Wohnungseigentümergemeinschaft nehmen zu müssen. In einem anderen Fall befürworten alle Wohnungseigentümer eine objektiv sinnvolle bauliche Maßnahme – und nur ein einziger Miteigentümer ist damit nicht einverstanden und blockiert die Durchführung.

Wann eine bauliche Veränderung vorliegt

Die bauliche Veränderung ist zwar in § 22 Abs. 1 WEG ausdrücklich angesprochen, dennoch hat der Gesetzgeber auf eine Definition verzichtet. Die Rechtsprechung hat daher Kriterien erarbeitet, um festzustellen, ob eine bauliche Maßnahme auch als eine bauliche Veränderung im Sinne von § 22 Abs. 1 WEG zu bewerten ist.

Eine bauliche Veränderung liegt vor, wenn folgende Voraussetzungen gegeben sind:

- eine auf Dauer angelegte Maßnahme,

- die nach Entstehung des Wohnungseigentums erfolgte,

- die zu einer Umgestaltung des gemeinschaftlichen Eigentums führt und

- die über eine ordnungsgemäße Instandhaltung oder Instandsetzung des gemeinschaftlichen Eigentums im Sinne von § 21 Abs. 3 WEG hinausgeht.

Fehlt eine dieser Voraussetzungen, liegt keine bauliche Veränderung im Sinne von § 22 Abs. 1 WEG vor.

Die Maßnahme muss auf Dauer angelegt sein, was jedoch nicht bedeutet, dass zwingend eine feste Verbindung mit dem Grundstück oder einem Bauteil vorhanden sein muss. Erforderlich ist allein, dass der Gegenstand dauerhaft in seiner Position, z. B. auf Balkon oder Terrasse, verbleiben soll. Die Rechtsprechung beurteilt bereits das Aufstellen von (mobilen) Parabolantennen als bauliche Veränderung (OLG Celle OLGR 2006, 698).

Eine bauliche Veränderung im Sinne von § 22 Abs. 1 WEG kann erst nach Entstehen der Wohnungseigentümergemeinschaft vorgenommen werden, weil § 22 Abs. 1 WEG das Vorhandensein einer Wohnungseigentümergemeinschaft voraussetzt. Werden bauliche Maßnahmen bereits vor diesem Zeitpunkt, z. B. noch vom teilenden Eigentümer in Abweichung von der Teilungserklärung durchgeführt, können die Wohnungseigentümer die erstmalige Herstellung eines ordnungsgemäßen Zustandes verlangen oder, nachdem keine bauliche Veränderung im Sinne des Gesetzes vorliegt, mit Mehrheit über diesen geänderten Status quo entscheiden.

Veränderungen oder Umbauten im Sondereigentum, z. B. die Entfernung von Innentüren, der Durchbruch einer nicht tragenden Innenwand, die Entfernung oder Änderung des Bodenbelags (ohne Estrich), stellen keine bauliche Veränderung dar.

Die bauliche Maßnahme muss schließlich die ordnungsgemäße Instandhaltung oder Instandsetzung des gemeinschaftlichen Eigentums gemäß § 21 Abs. 3 WEG überschreiten. Ist eine wesentliche Baumaßnahme geplant, die zur Umgestaltung des gemeinschaftlichen Eigentums führt, liegt dennoch keine bauliche Veränderung im Sinne von § 22 Abs. 1 WEG vor, wenn sich die Maßnahme im Rahmen einer ordnungsgemäßen Instandhaltung und Instandsetzung des Gemeinschaftseigentums bewegt.

Für die Abgrenzung der baulichen Veränderung von Maßnahmen der Instandsetzung und Instandhaltung ist als Richtschnur darauf abzustellen, ob der ursprüngliche Zustand erhalten oder wiederhergestellt oder ob darüber hinausgehend ein neuer und geänderter Zustand geschaffen werden soll. Die mitunter schwierigen Abgrenzungsfragen (z. B. auch bei der sogenannten modernisierenden Instandsetzung) müssen jeweils im Einzelfall geprüft und entschieden werden.

LIEGT EINE BAULICHE VERÄNDERUNG VOR?

- Anbringung einer Parabolantenne am gemeinschaftlichen Eigentum: ja, BGH NJW 2004, 250.

- Einbau eines Dachflächenfensters: ja, weil der damit verbundene Eingriff in die Dachhaut die Wartungs- und Reparaturanfälligkeit des Daches erhöht, OLG Düsseldorf NZM 2001, 136.

- Dachgarten: ja, MDR 2007, 419.

- Mauer- bzw. Deckendurchbrüche: ja, zur Schaffung der Verbindung zwischen zwei Wohneinheiten; stellt keine bauliche Veränderung dar, wenn nur eine nicht tragende, im Sondereigentum stehende Wand betroffen ist, BGHZ 146, 241. Eine bauliche Veränderung liegt jedoch vor, wenn durch den Mauer-/Deckendurchbruch Nachteile für die Statik des Gebäudes bzw. die Brandsicherheit drohen oder wenn damit eine intensivere Nutzung der Einheiten einhergeht.

- Balkonverglasung: ja, BayObLG WuM 2000, 687.

- Carport: ja, OLG Düsseldorf ZMR 2003, 955.

- Fahrstuhl: ja.

- Markise: ja.

- Pergola: ja, BayObLG ZMR 2001, 3262, OLG München ZMR 2006, 800.

- Sichtschutzzaun/-matte: ja.

- Terrassenanlage: ja.

- Wintergarten: ja.

Mögliche Rechtsfolgen einer festgestellten baulichen Veränderung

Die Feststellung, ob eine bauliche Maßnahme eine bauliche Veränderung darstellt oder nicht, kann für alle Beteiligten weitreichende Folgen haben.

Nachteil

Steht fest, dass die beanstandete Maßnahme als bauliche Änderung im Sinne von § 22 Abs. 1 WEG zu werten ist, hängen die daraus resultierenden Konsequenzen für die Umbauwilligen und Umbaugegner davon ab, ob die gewünschte Umgestaltung des gemeinschaftlichen Eigentums zu einer Beeinträchtigung der Wohnungseigentümer führen.

Vorab ist jedoch zu prüfen, ob die Teilungserklärung für diese Fälle keine besondere Regelung vorsieht. Ist dies nicht der Fall, so bedarf auch nach der Novellierung des WEG die Durchführung der Maßnahme dennoch grundsätzlich der Zustimmung der jeweils betroffenen Miteigentümer.

Der Begriff des Nachteils ist nach der Rechtsprechung weit auszulegen und stellt sich im Hinblick auf den Verweis in § 14 WEG als jeder nicht unvermeidbare Nachteil eines geordneten Zusammenlebens dar. Die Eingriffsschwelle ist sehr niedrig anzusetzen, sodass jegliche nicht ganz unerhebliche Beeinträchtigung für einen Nachteil ausreichend ist. Nur belanglose Nachteile stellen keine Beeinträchtigung im Sinne von § 22 Abs. 1 WEG dar.

Ob ein Nachteil vorliegt, ist anhand objektiver Kriterien zu messen, also danach, ob ein neutraler Dritter die Veränderung nach der allgemeinen Verkehrsanschauung als Beeinträchtigung empfinden kann. Subjektive Empfindlichkeiten einzelner Eigentümer sind nicht von Belang.

Zur Beurteilung einer Beeinträchtigung kann auf öffentlich-rechtliche Normen wie z. B. die Landesbauordnungen, das BImSchG, DIN oder VDI-Normen zurückgegriffen werden. Ein Verstoß gegen diese Bestimmungen liefert ein Indiz für einen Nachteil. Dennoch ist es erforderlich, im Einzelfall den objektiven Nachteil festzustellen (OLG München ZMR 2006, 643).

Änderungen des optischen Gesamteindrucks

In der Praxis wird sehr häufig eine Baumaßnahme als bauliche Veränderung gewertet, wenn damit der optische Gesamteindruck der Wohnungsanlage beeinträchtigt wird. Dabei sind nach der Rechtsprechung immer die konkreten Umstände des Einzelfalls zu berücksichtigen. Entscheidend ist für einen Nachteil, ob sich ein durchschnittlicher Wohnungseigentümer nachvollziehbar beeinträchtigt fühlen kann.

Zu berücksichtigen ist dabei, dass die Entscheidung, ob sich durch eine bauliche Maßnahme der optische Gesamteindruck verändert, grundsätzlich beim angerufenen Richter liegt.

 EINVERNEHMLICHE LÖSUNG ANSTREBEN

Angesichts der vielgestaltigen baulichen Maßnahmen und der im Einzelfall nur sehr schwer zu prognostizierenden Entscheidungen des Tatrichters, sollte der umbauwillige Wohnungseigentümer immer damit rechnen, dass die von ihm geplante Änderung als bauliche Veränderung im Sinne von § 22 Abs. 1 WEG bewertet wird und er deshalb durch das WEG-Gericht zum Rückbau verurteilt wird.

Angesichts des hohen Prozessrisikos und der zusätzlich entstehenden Rückbaukosten sollte im Vorfeld intensiv geprüft werden, ob nicht eine einvernehmliche Lösung mit den übrigen Wohnungseigentümern erreicht werden kann, um das Risiko eines nur sehr schwer einzuschätzenden Prozessverlaufs zu minimieren.

Führt eine bauliche Maßnahme dazu, dass ein Bauteil intensiver genutzt werden kann als vorher, liegt bereits in dieser Möglichkeit der Nachteil im Sinne von § 14 Nr. 1 WEG. Häufig liegt eine solche Nutzungsverstärkung vor, wenn z. B. bisher nicht zu Wohnzwecken genutzte Räume wie z. B. Speicherabteile, Hobby- oder Kellerräume nach dem Umbau zu Wohnzwecken oder gewerblichen Zwecken genutzt werden.

Ein Nachteil im Sinne von § 14 Nr. 1 WEG liegt auch dann vor, wenn einem Wohnungseigentümer gemäß § 13 Abs. 2 WEG das ihm zustehende Recht zum Mitgebrauch des gemeinschaftlichen Eigentums entzogen wird. In der Praxis sind hier Fallgestaltungen anzutreffen, in denen z. B. gemeinschaftliche Gartenflächen eingezäunt oder eingefriedet werden, um damit „heimlich" ein bestehendes Sondernutzungsrecht zu erweitern. Durch diese Maßnahmen sind die übrigen Wohnungseigentümer von der Mitbenutzung der abgegrenzten Fläche ausgeschlossen oder ihnen ist zumindest der Zugang erschwert.

SCHRANK IM TREPPENHAUS

Stellt ein Wohnungseigentümer im Treppenhaus einen Schrank oder eine Garderobe auf, sind die übrigen Wohnungseigentümer von der Nutzung dieser Flächen ausgeschlossen. Ein Nachteil im Sinne von § 14 Nr. 1 WEG liegt vor.

Als Nachteil im Zusammenhang mit einer baulichen Veränderung können auch Immissionen zum Tragen kommen, wie z. B. Geruchs- und Lärmbelästigungen oder auch der Entzug von Luft und Licht. In der Praxis treten diese Fälle z. B. bei der Errichtung einer Mobilfunksendeanlage, bei Betriebsgeräuschen von Fahrstühlen oder Klimaanlagen oder bei Geruchsbelästigungen durch einen Außenkamin auf.

Häufig sind auch die Entfernung oder die Beschädigung des Estrichs und die Bildung von Schallbrücken bei der Neuverlegung eines Bodenbelags Ursachen für eine Lärmbelästigung. Dabei ist streitig, welche Bestimmungen zum Schutz vor Immissionen nach erfolgter baulicher Änderung gelten sollen. Hier wird die Auffassung vertreten, dass die zum Zeitpunkt der Durchführung der baulichen Änderung geltenden DIN-Normen heranzuziehen sind (BayObLG ZMR 2003, 312). Nach anderer Auffassung ist auf die jeweils geltende Vorschrift bzw. das besondere Gepräge im Einzelfall abzustellen, OLG München NZM 2008, 165.

Eine bauliche Maßnahme stellt auch dann eine Beeinträchtigung dar, wenn es dadurch zu Schäden am Gemeinschaftseigentum kommen kann. Regelmäßig wird dies bei Mauerdurchbrüchen, die in die Substanz und Statik des Gebäudes eingreifen, der Fall sein. Auch fallen darunter Einschnitte in die Dachhaut. Nach der Rechtsprechung ist dabei bereits eine konkrete Gefährdung des Gemeinschaftseigentums ausreichend, selbst wenn der Schaden nicht zwingend eintreten muss. Hierher gehören auch die Fälle, in denen mit einer gewissen Wahrscheinlichkeit aufgrund der baulichen Veränderung die Wartungs- oder Reparaturanfälligkeit steigt.

Änderungsmöglichkeiten durch Vereinbarung

Ist eine geplante bauliche Maßnahme als bauliche Veränderung im Sinne von § 22 Abs.1 WEG zu beurteilen und ist mit einer Beeinträchtigung anderer Wohnungseigentümer zu rechnen, sodass die geplante bauliche

Maßnahme deswegen gefährdet sein könnte, lohnt es sich, die Teilungser-klärung bzw. Gemeinschaftsordnung zu überprüfen: Hier könnte eine ab-weichende Regelung vereinbart worden sein. In der Rechtsprechung ist anerkannt, dass die Vorschriften zur baulichen Veränderung durch eine Vereinbarung geändert werden können, vgl. BayObLG ZMR 2005, 213, OLG München ZMR 2005, 726.

Häufig ist eine vom Gesetz abweichende Regelung z. B. bei Doppelhäusern oder Reihenhaussiedlungen sinnvoll, da die Eigentümer wenig Kontakt mit ihren übrigen Nachbarn haben und sich zumindest wirtschaftlich als Al-leineigentümer fühlen wollen

Umgekehrt besteht jedoch auch die Möglichkeit, die Voraussetzungen für die Zulässigkeit einer baulichen Veränderung über die in § 22 Abs. 1 WEG bestehenden Anforderungen hinaus noch zu verschärfen.

Ansprüche gegen unzulässige bauliche Veränderungen

Stellt sich heraus, dass von einem Wohnungseigentümer eine bauliche Änderung vorgenommen wurde und diese weder unter Berücksichtigung etwaiger Bestimmungen der Teilungserklärung zulässig ist, noch der Maß-nahme ausdrücklich oder stillschweigend zugestimmt wurde und auch kein positiver Mehrheitsbeschluss darüber gefasst wurde (also endgültig feststeht, dass sie nicht zulässige war), können die übrigen Miteigentümer Ansprüche auf Unterlassung oder Beseitigung gegen den Verursacher gel-tend machen.

Am effektivsten ist der Rechtsschutz, wenn der Umbaugegner bereits seine Ansprüche geltend macht, bevor die bauliche Veränderung bereits voll-ständig umgesetzt worden ist. Der oder die betroffene(n) Miteigentümer können ihren Unterlassungsanspruch auf § 1004 Abs. 1 Satz 2 BGB i. V. m. §§ 15 Abs. 3, 14 Nr. 1 WEG stützen. Parallel zu einem auf dem Klageweg geltend gemachten Hauptsacheanspruch kann es zur Vermei-dung der Schaffung vollendeter Tatsachen sinnvoll sein, durch eine einst-weilige Verfügung gemäß §§ 935 ff. Zivilprozessordnung einen vorläufi-gen Baustopp zu erreichen.

Hat der umbauende Wohnungseigentümer die übrigen Wohnungseigen-tümer mit der Durchführung der baulichen Veränderung bereits vor vollendete Tatsachen gestellt, so bleibt diesen nur die Möglichkeit, gemäß § 1004 Abs. 1 Satz 1 BGB, § 15 Abs. 3, § 14 Nr. 1 WEG die Beseitigung der vorgenommenen baulichen Veränderung zu verlangen.

 EIGENTÜMER MÜSSEN ANSPRÜCHE SELBST GELTEND MACHEN

Die Geltendmachung der oben genannten Ansprüche auf Beseitigung und Unterlassung ist ausschließlich Angelegenheit der übrigen Miteigentümer. Für die Geltendmachung dieser Ansprüche ist nicht der Verwalter zuständig, da es sich um Individualansprüche der Wohnungseigentümer handelt, die nichts mit der gemeinschaftlichen Verwaltung zu tun haben (OLG München ZMR 2005, 734).

Wann Ansprüche auf Beseitigung baulicher Veränderungen verjähren

Sieht man sich als umbauender Wohnungseigentümer mit einem Anspruch auf Beseitigung der baulichen Veränderung konfrontiert, so sollte immer geprüft werden, ob gegebenenfalls gegen diesen Anspruch die Einrede der Verjährung erhoben werden kann.

Für Beseitigungs- bzw. Unterlassungsansprüche gilt die dreijährige Verjährungsfrist nach § 195 BGB. Danach verjähren Beseitigungs- und Unterlassungsansprüche unabhängig von der Kenntnis des Anspruchstellers nach § 199 Abs. 4 BGB spätestens zehn Jahre nach Kenntnis, sonst nach drei Jahren. Die Verjährungsfrist beginnt allerdings erst zum Schluss des jeweiligen Jahres zu laufen, in dem der Anspruch entstanden ist oder der Gläubiger von der baulichen Veränderung Kenntnis erlangt hatte oder ohne grobe Fahrlässigkeit hätte erlangen müssen.

 FACHKUNDIGEN ANWALT EINSCHALTEN

Wenn Sie gegen eine bauliche Änderung vorgehen wollen, stehen Ihnen verschiedene rechtliche Möglichkeiten zur Verfügung. Sie sollten wegen der komplizierten Rechtslage unbedingt einen fachkundigen Anwalt einschalten.

Beschlusszuständigkeit für Maßnahmen am Gemeinschaftseigentum

Zunächst muss zwischen verschiedenen Maßnahmen am Gemeinschaftseigentum unterschieden werden.

Instandhaltungs- und Instandsetzungsmaßnahmen

Unter Instandhaltungsmaßnahmen versteht man alle Maßnahmen, die der Aufrechterhaltung des ursprünglichen Zustandes und der Beseitigung von Abnutzungserscheinungen dienen. Dazu gehören Pflegemaßnahmen, Wartungen, Vorsorgemaßnahmen zur Verhinderung von Schäden, Schönheitsreparaturen, Inspektionen.

Bei Instandsetzungsmaßnahmen handelt es sich dagegen um die Beseitigung von Schäden und Mängeln am Gemeinschaftseigentum, z. B. altersbedingte Reparaturen, Sanierungen, Beseitigung von Brandschäden oder von Schäden infolge von Vandalismus am Gemeinschaftseigentum.

 EINFACHE MEHRHEIT

Beschlüsse zu Instandhaltungs- und Instandsetzungsmaßnahmen können als Maßnahmen ordnungsgemäßer Verwaltung durch einfachen Mehrheitsbeschluss geregelt werden.

Unterlässt die Wohnungseigentümergemeinschaft notwendige Instandsetzungsmaßnahmen, kann sie sich gegenüber einem einzelnen Wohnungseigentümer, der hierdurch Schaden erleidet, ersatzpflichtig machen.

Jeder Wohnungseigentümer hat einen Anspruch auf ordnungsgemäße Verwaltung des Gemeinschaftseigentums (§ 21 Abs. 4 WEG). Der Anspruch beinhaltet eine ordnungsgemäße Instandhaltung und Instandsetzung. Allerdings muss ein Eigentümer zuvor versuchen, im Rahmen einer Eigentümerversammlung einen Beschluss über die gebotene Instandsetzung herbeizuführen. Allein die Eigentümergemeinschaft hat Beschlusskompetenz über Maßnahmen der ordnungsgemäßen Instandsetzung des Gemeinschaftseigentums. Die vorherige Anrufung der Eigentümerversammlung ist nur entbehrlich, wenn von vornherein feststeht, dass die übrigen Wohnungseigentümer die gebotene Instandsetzungsmaßnahme ablehnen. Wird dann im Rahmen einer Eigentümerversammlung die Durchführung der Maßnahme mehrheitlich abgelehnt, so kann der Wohnungseigentümer den Beschluss anfechten und mit einem Antrag auf Verpflichtung zur Durchführung von Erfolg versprechenden Maßnahmen verbinden (LG München I, Az. 36 T 11136/08). Auch hier ist die einmonatige Frist zur Erhebung einer Anfechtungsklage zu beachten (46 WEG).

Modernisierende Instandsetzungen

Modernisierende Instandsetzungen sind Maßnahmen, die über reine Reparaturen hinausgehen und zusätzlich eine Anpassung an einen technisch oder wirtschaftlich besseren Standard vorsehen.

 AUS DER RECHTSPRECHUNG

- Erneuerung von Balkonbrüstungen: Es ist zulässig, schadhafte massive Balkonbrüstungen durch moderne Leichtmetallgeländer zu ersetzen (OLG München, Beschluss vom 14.11.2005, Az. 34 Wx 105/05).

- Umstellung auf eine andere Heizungsart: Die Umstellung der Beheizungsart auf eine moderne, dem technischen Standard entsprechende Heizung ist zulässig (vgl. OLG Hamburg, Beschluss vom 21. 7. 2005, Az. 2 Wx 18/04 – zur Umstellung der Ölzentralheizung auf Fernwärme).

- Anbringung einer Wärmedämmung: Als zulässige modernisierende Instandsetzung wurde auch angesehen, dass die Eigentümergemeinschaft im Rahmen der Sanierung einer durchfeuchteten Fassade gleichzeitig die erstmalige Anbringung einer Wärmedämmung beschließt.

- Ersatz von alten Wasserboilern durch ein moderneres System (OLG Düsseldorf, Beschluss vom 27. 5. 2002, Az. 3 Wx 40/02, NZM 2002 S. 705).

- Austausch von Holzfenstern gegen moderne Kunststofffenster.

Der Austausch von sanierungsbedürftigen Holzfenstern gegen ähnlich gestaltete moderne Kunststofffenster stellt in der Regel keine bauliche Veränderung dar, sondern eine modernisierende Instandsetzung, die mehrheitlich beschlossen werden kann (BayObLG, Beschluss vom 11. 2. 2005, Az. 2 ZBR 177/04).

Wie nach bisherigem Recht können modernisierende Instandsetzungen mit einfacher Mehrheit beschlossen werden. Voraussetzung ist ein konkreter Instandsetzungsbedarf. Die ordnungsgemäße Instandhaltung und Instandsetzung ist nicht auf eine bloße Wiederherstellung des früheren Zustandes beschränkt. Eine ordnungsgemäße Instandsetzung schließt vielmehr auch eine sinnvolle Modernisierung mit ein, die die Vorteile neuer technischer Entwicklungen und verbesserter Standards unter Berücksichtigung einer vernünftigen Kosten Nutzen Analyse mit beinhaltet. Der Eigentümergemeinschaft steht dabei ein weiter Ermessensspielraum zu.

Modernisierungen

Reine Modernisierungen, das heißt die Anpassung auf einen modernen Standard, ohne konkreten Instandsetzungsbedarf, waren bisher durch Mehrheitsbeschluss nicht möglich. Nach § 22 Abs. 2 WEG können jetzt aber Modernisierungen auch ohne konkreten Reparaturbedarf wie im Bereich des Mietrechts nach § 559 Abs. 1 BGB durch eine doppelt qualifizierte Mehrheit beschlossen werden. Dazu müssen drei Viertel aller stimmberechtigten Wohnungseigentümer nach Köpfen und zusätzlich mehr als die Hälfte aller Miteigentumsanteile einem Mehrheitsbeschluss zustimmen. Voraussetzungen:

- Der Gebrauchswert des Gemeinschaftseigentums wird nachhaltig nach § 559 BGB erhöht oder

- die allgemeinen Wohnverhältnisse werden auf Dauer nach § 559 BGB verbessert oder

- die Maßnahme bewirkt eine nachhaltige Einsparung von Energie oder Wasser im Sinne des § 559 BGB.

Die Voraussetzungen müssen nicht kumulativ, sondern können alternativ vorliegen. Wenn beispielsweise eine Verbesserung der allgemeinen Wohnverhältnisse vorliegt, wie es das Landgericht München I beim Austausch von Holz gegen Kunststofffenster angenommen hat (LG München I, Urteil vom 27.4.2009, Az. 1 S 20171/08, NJW RR 2009, 1672), kommt es nicht mehr darauf an, ob mit der Maßnahme gleichzeitig eine nachhaltige Einsparung von Energie verbunden ist.

 MODERNISIERUNGEN

Einbau von Isolierfenstern, eines Fahrstuhls, einer (Video)Gegensprechanlage, von Kalt- oder Warmwasserzählern, einer Zentralheizung, von Rauchmeldern als Gebrauchswerterhöhung, einer Alarmanlage. Aufstellen von Fahrradständern oder eines Mülltonnenhäuschens.

Die Modernisierungsmaßnahme darf aber die Eigenart der Wohnanlage nicht ändern. Auch Umgestaltungen der Wohnanlage sind nach wie vor nicht zulässig. Um Umgestaltungen handelt es sich z. B. beim Anbau eines Wintergartens, bei der Aufstockung oder beim Abriss von Gebäudeteilen, der Luxussanierung eines Wohnhauses von einfacher Wohnqualität, beim Ausbau eines nicht zu Wohnzwecken genutzten Speichers zu Wohnungen, bei der Asphaltierung einer Grünfläche zur Schaffung von Abstellplätzen.

Eine Modernisierung kann ebenfalls nicht mehrheitlich beschlossen werden, wenn der optische Gesamteindruck der Wohnanlage nachteilig verändert wird. Das ist z. B. der Fall, wenn einzelne Balkone an der Fassade verglast werden sollen oder beim Bau von Dachgauben die Symmetrie des Hauses nicht eingehalten wird.

Derartige Maßnahmen sind keine Modernisierungen, sondern bleiben – wie nach bisherigem Recht – bauliche Veränderungen, sodass diese nur nach § 22 Abs. 1 WEG zulässig sind, wenn jeder Wohnungseigentümer zustimmt, dessen Rechte durch die Maßnahmen über das in § 14 Nr. 1 WEG bestimmte Maß hinaus beeinträchtigt werden.

Die Modernisierungsmaßnahme darf ferner einen oder mehrere Wohnungseigentümer nicht unbillig beeinträchtigen. Ob eine solche unbillige Beeinträchtigung vorliegt, hängt von den jeweiligen Umständen des konkreten Einzelfalls ab (§ 22 Abs. 1 WEG). Eine unbillige Belastung kann beispielsweise darin liegen, dass ein Wohnungseigentümer erhöhten Geräuscheinwirkungen durch Anbau eines Fahrstuhls ausgesetzt ist.

Die Kosten der Modernisierungsmaßnahme werden nur im Ausnahmefall als erhebliche Beeinträchtigung anzusehen sein, wenn sie die Aufwendungen übersteigen, die dazu dienen, das gemeinschaftliche Eigentum in einen Zustand zu versetzen, wie er allgemein üblich ist.

Ein Anspruch des einzelnen Eigentümers auf Durchführung einer Modernisierung besteht nicht. Eine Ausnahme besteht bei der Barrierefreiheit: Behinderte haben einen Anspruch auf Durchführung von Maßnahmen, die einen sogenannten barrierefreien Zugang zu ihrem Wohnungseigentum ermöglichen. Aus dem Verbot der Benachteiligung Behinderter folgt ein Anspruch auf Durchführung der erforderlichen Maßnahmen (z. B., Bau einer Rollstuhlrampe im Eingangsbereich, Bau eines Schräglifts im Treppenhaus).

 MEHRHEIT VON ¾ ALLER WOHNUNGSEIGENTÜMER ERFORDERLICH

Modernisierungen können nur durch Mehrheit von 3/4 aller stimmberechtigten Wohnungseigentümer und zusätzlich mehr als der Hälfte aller Miteigentumsanteile beschlossen werden. Wird diese Mehrheit nicht erreicht, ist der Beschluss nicht nichtig, sondern nur anfechtbar. Will sich ein Wohnungseigentümer gegen beschlossene Modernisierungsmaßnahmen zur Wehr setzen, so muss er innerhalb der Anfechtungsfrist von einem Monat Anfechtungsklage beim zuständigen Amtsgericht erheben. Andernfalls wird der Beschluss bestandskräftig. Im Rahmen der Anfechtungsklage ist der anfechtende Kläger darlegungs- und beweispflichtig dafür, dass die erforderliche doppelt qualifizierte Mehrheit nicht erreicht worden ist.

Bauliche Veränderungen

Unter einer baulichen Veränderung versteht man die Umgestaltung des Gemeinschaftseigentums in seiner bestehenden Form oder seinem Erscheinungsbild, die auf Dauer angelegt ist.

Durch die Neuregelung des § 22 Abs. 1 WEG können auch bauliche Veränderungen, die über die ordnungsgemäße Instandhaltung des gemeinschaftlichen Eigentums hinausgehen, mehrheitlich beschlossen und verlangt werden. Wie nach bisheriger Rechtslage müssen jedoch diejenigen Eigentümer zustimmen, deren Rechte über das in § 14 WEG bestimmte Maß hinaus beeinträchtigt werden (zum Nachteil im Sinne des § 14 WEG vgl. Seite 40). Liegt keine nachteilige Beeinträchtigung der anderen Wohnungseigentümer vor, so ist deren Zustimmung entbehrlich. Die bauliche Veränderung kann in solchen Fällen mehrheitlich beschlossen werden.

 WINTERGARTEN

Ein Wohnungseigentümer möchte einen Wintergarten errichten. Die Wohnungseigentümer stimmen dem mehrheitlich durch Beschluss zu. Nur ein Eigentümer ist mit der Errichtung des Wintergartens nicht einverstanden. Er wendet ein, dass aufgrund der Maßnahme eine optische Beeinträchtigung vorliege.

In diesem Fall kann die bauliche Veränderung nicht mehrheitlich beschlossen werden, da nicht jeder Wohnungseigentümer, dessen Rechte durch die Maßnahme beeinträchtigt sind, zugestimmt hat.

Wird dennoch ein Mehrheitsbeschluss über eine solche bauliche Veränderung gefasst, so kann der betroffene Wohnungseigentümer Anfechtungsklage gemäß § 46 WEG erheben, weil sonst der Genehmigungsbeschluss bestandskräftig wird.

BAULICHE VERÄNDERUNGEN

Weitere Beispiele für bauliche Veränderungen: Dachgeschossausbauten, Anbringung einer Markise an der Außenfassade, Einbau von Dachgauben oder von Fenstern, insbesondere bei Änderung des architektonischen Gesamteindrucks, Errichtung eines Gartenhäuschens, Anschluss eines offenen Kamins an einen Notkamin, Anbringen einer Pergola, Bau eine Rollstuhlrampe, Errichtung von Sonnenkollektoren oder einer Videoüberwachung, Pflasterung einer Grünfläche, Anbringung einer Satellitenschüssel an der Außenfassade , Austausch der Wohnungsabschlusstür

Bauliche Veränderungen können nach der Neufassung des § 22 Abs. 1 WEG nur durch Mehrheitsbeschluss genehmigt werden. Ein solcher Beschluss entspricht ordnungsgemäßer Verwaltung, wenn sämtliche Eigentümer, die im Sinne der §§ 14, 22 WEG beeinträchtigt sind, der baulichen Veränderung zustimmen. Die Zustimmung hat im Rahmen der Beschlussfassung zu erfolgen. Eine außerhalb der Beschlussfassung erteilte Zustimmung ist nicht ausreichend.

Bei baulichen Veränderungen am Gemeinschaftseigentum sind regelmäßig sämtliche Wohnungseigentümer nachteilig beeinträchtigt, wenn sich der Gesamteindruck des Anwesens verändert. Nach ständiger Rechtsprechung liegt eine nachteilige Veränderung des optischen Gesamteindrucks in jeder, nicht nur unerheblichen nachteiligen Veränderung des architektonischen Gesamteindrucks der Anlage (BGH, Az. V ZB 27/90). Umgekehrt: Nur wenn unerhebliche Beeinträchtigungen vorliegen, ist die Zustimmung der Eigentümer entbehrlich. Grundsätzlich erfordern deshalb Beschlüsse über bauliche Veränderungen im Allgemeinen einstimmige Beschlussfassungen.

Die Beschlusskompetenz besteht aber unabhängig davon, ob alle Beeinträchtigten zustimmen. Wird ein Mehrheitsbeschluss über die Durchführung einer baulichen Veränderung gefasst und wird dieser bestandskräftig, so können sich die beeinträchtigten Wohnungseigentümer später nicht mehr darauf berufen, dass sie durch die bauliche Veränderung nachteilig beeinträchtigt seien.

Deshalb ist ein Wohnungseigentümer, der mit einer durch Beschluss genehmigten baulichen Veränderung nicht einverstanden ist, gehalten, innerhalb der Monatsfrist Anfechtungsklage beim zuständigen Amtsgericht nach § 46 WEG zu erheben. Im Rahmen einer solchen Klage ist dann insbesondere zu prüfen, ob eine nachteilige Beeinträchtigung des anfechtenden Wohnungseigentümers vorliegt. Das zuständige Gericht wird hierzu gegebenenfalls bei unterschiedlichen Behauptungen der Parteien Sachverständigengutachten über die optische Beeinträchtigung einholen.

Bauliche Veränderungen, die der erstmaligen vollständigen Errichtung und Ausstattung des Hauses dienen, wie sie ursprünglich in der Teilungserklärung, der Gemeinschaftsordnung oder im Aufteilungsplan vorgesehen war, ist keine bauliche Veränderung (z. B. Schallschutzmaßnahmen, Wärmedämmung).

Eine grundlegende Neuerung liegt schließlich darin, dass nun auch Einzeleigentümer einen durchsetzbaren Individualanspruch auf Durchführung von baulichen Veränderungen haben. Voraussetzung ist aber auch hier, dass keiner der übrigen Wohnungseigentümer über das in § 14 Nr. 1 WEG bestimmte Maß hinaus beeinträchtigt wird. Der Verwalter ist aufgrund des jetzt in das Gesetz aufgenommenen Individualanspruchs verpflichtet, einen entsprechenden Beschlussantrag auf die Tagesordnung der Eigentümerversammlung zu nehmen.

Ein Verwalter, der zu dem Ergebnis kommt, dass auch nur ein Eigentümer, der durch die bauliche Veränderung beeinträchtigt ist und der Maßnahme nicht zugestimmt hat, ist verpflichtet, als Beschlussergebnis festzustellen, dass der Genehmigungsbeschluss über die bauliche Veränderung abgelehnt worden ist (LG München I, Az. 36 S 8656/08).

Ein Wohnungseigentümer, der einer baulichen Veränderung nach § 22 Abs. 1 WEG nicht zugestimmt hat, ist weder berechtigt einen Anteil an den Nutzungen, die auf einer solchen Maßnahme beruhen zu beanspruchen, noch ist er verpflichtet, Kosten, die durch eine solche Maßnahme verursacht worden sind, zu tragen (§ 16 Abs. 6 WEG).

Lasten und Kosten des Wohnungseigentums

Nach § 16 Abs. 2 WEG ist jeder Wohnungseigentümer verpflichtet, die Lasten des gemeinschaftlichen Eigentums sowie die Kosten der Instandhaltung, Instandsetzung, sonstigen Verwaltung und eines gemeinschaftlichen Gebrauchs des Gemeinschaftseigentums nach dem Verhältnis seines Anteils zu tragen (§ 16 Abs. 1 Satz 2 WEG). Nicht dazu gehören die Kosten des Sondereigentums, also diejenigen Kosten, die die konkrete Eigentumswohnung betreffen (z. B. Grundsteuer, individueller Stromverbrauch). Diese hat jeder Eigentümer selbst zu tragen.

Wegen der Instandhaltungs- und Instandsetzungskosten vgl. Seite 45 f. Kosten der sonstigen Verwaltung sind zum Beispiel Verwalterhonorar, Kontoführungsgebühren, Telefongebühren und Porto.

Bei den laufenden Bewirtschaftungskosten des gemeinschaftlichen Eigentums handelt es sich vor allem um die Betriebskosten im Sinne des § 2 BetrKV, insbesondere öffentliche Lasten des gesamten Grundstücks (z. B. Gebühren für den Anschluss an die Kanalisation), Kosten der Wasserversorgung, der Entwässerung, des Betriebs des Personenaufzugs, der Straßenreinigung und Müllbeseitigung, der Gebäudereinigung und Ungezieferbekämpfung, der Gartenpflege, der Beleuchtung von Gemeinschaftsflächen (Außenbeleuchtung, Flure, Keller), der Schornsteinreinigung, der Sach- und Haftpflichtversicherungen, insbesondere Feuerversicherung (Brand, Explosion, Blitzschlag, Rauch), Haus und Grundbesitzerhaftpflichtversicherung, Versicherung gegen Sach- und Personenschäden (z. B. Verletzung der Räum und Streupflicht), Leitungswasserschadenversicherung, Sturm und Hagelversicherung, Glasversicherung, für den Hauswart (Hausmeisterkosten) sowie des Betriebs der Gemeinschaftsantennenanlage/Kabelgebühren.

Zu den Kosten des gemeinschaftlichen Eigentums gehören ferner Anwalts- und Gerichtskosten, Kosten zur Durchführung von Eigentümerversammlungen, Sondervergütungen des Verwalters, Kosten für einen angemieteten Raum, Beiträge zur Instandhaltungsrücklage und Aufwandsentschädigung des Verwaltungsbeirats.

Der Kostenverteilungsschlüssel

In welcher Höhe der Miteigentümer an den Kosten zu beteiligen ist, regelt für das Gemeinschaftseigentum § 16 Abs. 2 WEG. Danach hat jeder Wohnungseigentümer die Lasten des gemeinschaftlichen Eigentums sowie die Kosten der Instandhaltung, Instandsetzung oder sonstigen Verwaltung nach dem Verhältnis seines Anteils zu tragen.

Die Größe des Miteigentumsanteils bestimmt das Gesetz nicht. In der Regel orientiert sich der aufteilende Eigentümer oder Bauträger, der die Teilungserklärung erstellt hat, an der Wohnungsgröße. Zwingend ist dies aber nicht.

Da die Vorschrift des § 16 WEG durch Vereinbarung veränderbar ist, enthalten die Gemeinschaftsordnungen üblicherweise Regelungen zum Kostenverteilungsschlüssel.

In Betracht kommen: Miteigentumsanteile (z. B. Tausendstel) Wohnfläche. Auch die Anzahl der Wohnungen kann Verteilungsmaßstab sein. Diese führt jedoch nur dann zu einer Kostengerechtigkeit, wenn alle Wohnungen in etwa gleich groß sind. Auch eine Verteilung nach Köpfen ist möglich, aber nicht praktikabel, da sich der Bestand der Wohnungseigentümer regelmäßig ändert. Hier wäre jeweils festzustellen, wie viele Bewohner im Wirtschaftsjahr in der Wohnung gelebt haben. In größeren Wohnungseigentumsanlagen ist dies regelmäßig nicht möglich.

Die in der Gemeinschaftsordnung vorgesehenen Kostenverteilungsschlüssel sind im übrigen zwingend und gehen dem gesetzlichen Verteilungsschlüssel nach § 16 WEG vor.

Nach den §§ 3 und 4 der Heizkostenverordnung ist die Eigentümergemeinschaft bei den Heizkosten verpflichtet, Geräte zur Verbrauchserfassung, wie etwa Heizkostenverteiler nach dem Verdunstungsprinzip, Wärmezähler nach dem Durchflussprinzip, Heizkostenverteiler mit Funksystem zur Fernablesung oder Warmwasserzähler einzubauen. Auch wenn die Gemeinschaftsordnung eine abweichende Regelung zur Verteilung von Heiz und Warmwasserkosten enthält, sind diese gesetzlich zwingend nach dem tatsächlichen Verbrauch abzurechnen (§ 3 Heizkostenverordnung).

Nach § 7 Heizkostenverordnung sind von den Kosten des Betriebs der zentralen Heizungsanlage mindestens 50 Prozent, höchstens 70 Prozent nach dem erfassten Wärmeverbrauch des Benutzers zu verteilen. Die übrigen Kosten sind nach der Wohn- oder Nutzfläche oder nach dem umbauten Raum zu verteilen. Die Kosten des Warmwassers sind mindestens zu 50 Prozent, höchstens zu 70 Prozent nach dem erfassten Warmwasserverbrauch, die übrigen Kosten nach der Wohn- oder Nutzfläche zu verteilen. Entspricht die Jahresabrechnung nicht diesen gesetzlichen Vorgaben, so ist sie mit der Klage nach § 46 WEG anfechtbar (vgl. Seite 155).

Da die Heizkostenverordnung zwingend eine verbrauchsabhängige Abrechnung der Heiz- und Warmwasserkosten vorschreibt, kann jeder Wohnungseigentümer die Anbringung von Heizkosten und Warmwasserzählern verlangen. Der Einbau kann gerichtlich erzwungen werden. Jeder einzelne Eigentümer muss den Einbau nach § 14 Nr. 3 WEG dulden.

Änderung des Kostenverteilungsschlüssels

Durch § 16 Abs. 3 WEG wird der Eigentümergemeinschaft die Kompetenz eingeräumt, durch einfachen Mehrheitsbeschluss die Verteilung der Betriebskosten im Sinne des § 556 Abs. 1 BGB und der Verwaltungskosten für das Gemeinschaftseigentum generell zu ändern.

Dabei handelt es sich im Wesentlichen um Betriebskosten nach § 2 der Betriebskostenverordnung. Dazu gehören u.a. die Kosten der Wasserversorgung und Entwässerung, des Betriebes der zentralen Heizungsanlage, Aufzugskosten, die Kosten der Gartenpflege und des Breitbandkabelnetzes.

Ein solcher Mehrheitsbeschluss über eine abändernde Kostenverteilung kann sich z. B. am tatsächlichen Verbrauch bzw. an der Verursachung orientieren, etwa wenn Messeinrichtungen (z. B. Wasseruhren) vorhanden sind. Eine an der Verursachung orientierte Kostenverteilung kann aber auch darin liegen, dass künftig nach Personenanzahl, Objekten oder aber auch nach der konkreten Nutzungsdauer der Gemeinschaftseinrichtung (Schwimmbad, Sauna etc.) abgerechnet wird.

Für die Ordnungsmäßigkeit eines entsprechenden Beschlusses ist die Orientierung am Verbrauch oder an der Verursachung nicht zwingend. Nach § 16 III WEG kommt auch eine Kostenverteilung nach einem „anderen Maßstab" in Betracht. Dazu entschied das Landgericht München I (Urteil vom 10.6.2009, Az. 1 S 10155/08), dass auch unterschiedliche Gebrauchsmöglichkeiten ein geeigneter Grund für eine Abänderung des Kostenverteilungsschlüssels darstellen. Danach ist es möglich, die Kosten für den Winterdienst überwiegend auf die Eigentümer von Wohnungen zu verteilen und gleichzeitig die „Nur-Stellplatzeigentümer" mit diesen Kosten deutlich weniger zu belasten. In dem vom Landgericht entschiedenen Fall wurde allerdings festgestellt, dass eine Kostenverteilung im Verhältnis von 90 zu 10 zu Lasten der Wohnungseigentümer an den Gesamtkosten des Winterdiensts nicht mehr ordnungsgemäßer Verwaltung entspricht. Das Gericht wies aber darauf hin, dass eine Kostenbeteiligung am Winterdienst von über 50 Prozent durch die Wohnungseigentümer angemessen sei.

Die neu eingeführte Beschlusskompetenz nach § 16 Abs. 3 WEG gilt auch für die Verwaltungskosten, z. B wenn die Eigentümergemeinschaft beschließt, dass das Verwalterhonorar künftig nicht nach Miteigentumsanteilen, sondern pro Wohneinheit abgerechnet soll. Dafür besteht ein sachlicher Grund, da der Verwaltungsaufwand pro Wohnung grundsätzlich unabhängig von der jeweiligen Wohnungsgröße gleich ist.

Die Änderungskompetenz gilt jedoch nicht für Kosten, die unmittelbar gegenüber Dritten abgerechnet werden.

 KOSTEN DES EINZELNEN WOHNUNGSEIGENTÜMERS

Kosten, die direkt vom Versorgungsunternehmen gegenüber dem einzelnen Wohnungseigentümer abgerechnet werden, können durch Mehrheitsbeschluss nicht geändert werden.

Bei Abänderung des Kostenverteilungsschlüssels nach § 16 Abs. 3 WEG steht den Eigentümern im Übrigen ein weiter Ermessensspielraum zu, der durch die Gerichte nur eingeschränkt überprüft werden kann. Die Grenzen des Ermessens sind anhand aller Umstände des Einzelfalls zu bestimmen.

Einzelne Eigentümer dürfen nicht unzumutbar von der Mehrheit benachteiligt werden.

Die Entscheidung darf außerdem nicht willkürlich sein. Daher muss ein sachlicher Grund für die Änderung des bisher geltenden Kostenverteilungsschlüssels vorliegen.

KOSTENVERTEILUNGSSCHLÜSSEL

> Ein Miteigentümer baut das Dachgeschoss zulässigerweise zu Wohnraum aus. Es besteht ein sachlicher Grund zur Änderung des Verteilungsschlüssels, da auch die neu hinzugekommenen Wohnflächen anteilsmäßig an den Betriebs und Verwaltungskosten zu beteiligen sind.

Ein sachlicher Grund liegt aber nicht vor, wenn die Mehrheit eine Änderung des bislang vereinbarten Kostenverteilungsschlüssels nach Kopfanteilen in eine Kostenverteilung nach Miteigentumsanteilen allein deshalb beschließt, weil sie dadurch – auf Kosten der Minderheit – finanziell entlastet würde (LG München I, Urteil vom 10.6.2009, Az. 1 S 10155/08).

Kommen mehrere Verteilerschlüssel in Betracht, so müssen die Eigentümer denjenigen auswählen, der den Interessen der Gemeinschaft und des einzelnen Wohnungseigentümers angemessen ist und nicht zu einer ungerechtfertigten Benachteiligung einzelner führt.

Die Änderung muss ferner ordnungsgemäßer Verwaltung entsprechen. Deshalb unterliegen diese Beschlüsse in vollem Umfang der richterlichen Überprüfung, sofern sie binnen Monatsfrist durch Klage angefochten werden. Eine Kostenverteilung nach dem tatsächlichen Verbrauch oder der tatsächlichen Verursachung entspricht aber grundsätzlich ordnungsgemäßer Verwaltung.

Gemäß § 16 Abs. 5 WEG kann die neu eingeführte Beschlusskompetenz zur Änderung des Kostenverteilungsschlüssels durch eine Vereinbarung der Wohnungseigentümer nicht eingeschränkt oder ausgeschlossen werden. Eine Erweiterung der Befugnisse ist jedoch möglich.

Änderung der Kostenverteilung bei Instandhaltung, Instandsetzung und baulichen Veränderungen

Eine weitere Beschlußkompetenz zur Abänderung des Kostenverteilungs-schlüssels liegt nach § 16 Abs. 4 WEG vor. Danach können die Kosten für Instandhaltungen, Instandsetzungen, bauliche Veränderungen und Modernisierungen abweichend vom geltenden Kostenverteilungsschlüssel geregelt werden. Voraussetzung: Es muss sich um einen konkreten Einzelfall handeln. Der Kostenverteilungsschlüssel kann also nicht generell geändert werden, sondern nur im Hinblick auf einen ganz bestimmten zu regelnden Einzelfall. Ein solcher liegt nicht mehr vor, wenn die Kosten der Instand-haltung, z. B. von Terrassenfenstern nicht nur für die einzelne, konkret anstehende Reparatur, sondern dauerhaft auf die einzelnen Wohnungsei-gentümer abwälzt werden sollen.

 BEISPIEL   ABÄNDERNDE KOSTENVERTEILUNG

- Die Eigentümer beschließen, das Streichen von Fenstern nach deren Anzahl abzurechnen oder die Sanierungskosten für Garagen oder Stellplätze nur auf die Nutzungsberechtigten zu verteilen.

- Die Eigentümergemeinschaft beschließt, einen Fahrstuhl einzubauen. Im Rahmen des Beschlusses über den Lifteinbau beschließen die Eigentümer, dass alle an den Kosten beteiligt werden. Auch die Eigentümer der Erdge-schosswohnungen können an den Kosten des Lifteinbaus beteiligt werden, da auch das Kellergeschoss angefahren wird, denn nach § 16 Abs. 4 WEG ist ausreichend, dass der geänderte Verteilungsschlüssel der Möglichkeit des Gebrauchs Rechnung trägt.

- In einer Eigentumswohnanlage verfügt nur ein Teil der Wohnungen über Balkone. Die Eigentümergemeinschaft beschließt nun, dass an die Wohnun-gen, die bisher noch keine Balkone hatten, Balkone angebaut werden dür-fen. Die Kosten sind nach dem Beschluss nur von denjenigen Eigentümern zu tragen, deren Wohnungen Balkone erhalten sollen.

Beschlusskompetenz: Doppelt qualifizierte Mehrheit

Für die Änderung des Kostenverteilungsschlüssels muss eine qualifizierte Mehrheit von drei Vierteln aller stimmberechtigten Wohnungseigentümer nach Köpfen (gemäß § 25 Abs. 2 WEG) vorliegen, die gleichzeitig mehr als der Hälfte aller Miteigentumsanteile entsprechen muss. Es gilt das sogenannte Kopfprinzip. Danach hat jeder Wohnungseigentümer (nur) eine Stimme, auch wenn er Eigentümer mehrerer Wohnungen ist. Wird das Quorum bei der Abstimmung nicht erreicht, ist der Beschluss anfechtbar, aber nicht nichtig. Ein Eigentümer muss also gegebenenfalls innerhalb eines Monats Anfechtungsklage beim zuständigen Amtsgericht einreichen. Ansonsten wird der Beschluss bestandskräftig und kann grundsätzlich nicht mehr angegriffen werden.

Die Neuregelung ist für die Eigentümergemeinschaft im Übrigen fakultativ, das heißt, die Gemeinschaft kann die Kostenverteilung im Einzelfall ändern, sie muss dies aber nicht.

Nach § 16 Abs. 5 WEG können die Befugnisse nach § 16 Abs. 4 WEG, das heißt die Kompetenz der Eigentümergemeinschaft zur Änderung der Kostenverteilung bei Instandhaltung, Instandsetzung und baulichen Veränderungen durch Vereinbarung der Wohnungseigentümer nicht eingeschränkt oder ausgeschlossen werden. Eine Erweiterung der Befugnisse durch eine Öffnungsklausel ist jedoch in der Gemeinschaftsordnung möglich.

Änderung des Kostenverteilungsschlüssels bei Unbilligkeit

Nach § 10 Abs. 2 Satz 3 WEG können nun auch einzelne Eigentümer die Änderung von Vereinbarungen (insbesondere in der Gemeinschaftsordnung) verlangen, wenn ein Festhalten an der geltenden Regelung aus schwerwiegenden Gründen unter Berücksichtigung aller Umstände des Einzelfalls, insbesondere der Rechte und Interessen der anderen Wohnungseigentümer, unbillig erscheint.

Danach hat der Einzeleigentümer einen Anspruch auf Änderung der Vereinbarung (hier des Kostenverteilungsschlüssels), wenn das Festhalten an der geltenden Regelung unbillig erscheint, § 10 Abs. 2 Satz 3 WEG. Vertreten wird dazu, dass bei einer Kostenmehrbelastung von über 25 Prozent zwischen Wohn- und Nutzfläche sowie dem für die Verteilung maßgeblichen Miteigentumsanteil die Grenze der Billigkeit überschritten sei und ein Anspruch auf Abänderung des Kostenverteilungsschlüssels bestehe. Dem Gesetzeswortlaut ist diese Zahl aber nicht zu entnehmen. Allerdings entstammt die Auffassung, dass bei einer Kostenmehrbelastung von etwa 25 Prozent eine Unbilligkeit naheliegen dürfte, der Begründung zum Gesetzentwurf der Bundesregierung (BTDrs 16/887, S. 17 ff.). Dieser Wert kann daher als grober Richtwert angesehen werden. Im Übrigen ist die Frage der Unbilligkeit immer unter Berücksichtigung aller Umstände des konkreten Einzelfalls zu beurteilen (BGH, Az. V ZR 174/09).

 AUCH EINZELNER MITEIGENTÜMER KANN ÄNDERUNG VERLANGEN

Im Fall einer Unbilligkeit kann auch ein einzelner Eigentümer die Änderung der Vereinbarung (TE/GO) verlangen, es besteht also ein Individualanspruch. Der Anspruch richtet sich nicht gegen den teilrechtsfähigen Verband der Wohnungseigentümer, sondern gegen die übrigen Miteigentümer. Sind die Anspruchsvoraussetzungen gegeben, so muss jeder einzelne Wohnungseigentümer an der Abänderung durch Zustimmung zum geänderten Kostenverteilungsschlüssel mitwirken. Die Änderung des Kostenverteilungsschlüssels gilt nur für die Zukunft. Sie ist im Rahmen von Jahresabrechnungen oder Wirtschaftsplänen erst dann zu berücksichtigen, wenn die Änderung des Kostenverteilungsschlüssels tatsächlich vollzogen wurde.

Beschlusszuständigkeit in Zahlungs- angelegenheiten

Die Eigentümergemeinschaft kann auch durch Mehrheitsbeschluss über die Art und Weise von Zahlungen, die Fälligkeit von Zahlungen (Jahres- abrechnungen, Wirtschaftsplan, Sonderumlagen), die Folgen des Verzugs, die Bezahlung von Kosten für eine besondere Nutzung des gemeinschaftli- chen Eigentums und Zahlungen für einen besonderen Verwaltungsauf- wand beschließen.

ZAHLUNGSANGELEGENHEITEN

Beschluss über die Höhe von Verzugszinsen bei Wohngeldrückständen, Umsatz- vergütungen des Verwalters für Sonderleistungen, Umzugskostenpauschale, Ein- führung des Lastschriftverfahrens.

Ein Mehrheitsbeschluss ist auch möglich, wenn die Gemeinschaftsordnung bereits Regelungen zu Zahlungsangelegenheiten enthält.

Der Wirtschaftsplan

Jeder Wohnungseigentümer muss seinen Beitrag zu den Kosten und Las- ten des gemeinschaftlichen Eigentums leisten (Beitragspflicht). Die Ver- pflichtung der Wohnungseigentümer zur Zahlung von Wohngeld sowie dessen Fälligkeit wird im Wirtschaftsplan festgelegt. Der Wirtschaftsplan wird durch Mehrheitsbeschluss der Wohnungseigentümer genehmigt. Die Rechtsgrundlage ist § 28 Abs. 1 WEG.

Da der Wirtschaftsplan eine Prognoseentscheidung ist, werden die Einzel- positionen in aller Regel aus der letzten Jahresabrechnung übernommen. Dabei werden voraussichtliche Kostenerhöhungen, bereits feststehende Zu- satzkosten wie etwa Sanierungs- oder Rechtsverfolgungskosten im Wege der Schätzung ermittelt und in den Wirtschaftsplan eingestellt.

Einnahmen und Ausgaben

Nach § 28 Abs. 1 WEG enthält der Wirtschaftsplan die voraussichtlichen Einnahmen und Ausgaben bei der Verwaltung des gemeinschaftlichen Eigentums (§ 28 Nr. 1 WEG). Den Einnahmen, insbesondere aus dem Wohngeld, sind die voraussichtlichen Bewirtschaftungskosten gegenüberzustellen, etwa Versicherungen, Hausmeister, Verwalter-, und Abfallbeseitigungsgebühren. Getrennt von diesen Kostenpositionen hat der Wirtschaftsplan auch die voraussichtlichen Beiträge in die Instandhaltungsrücklage aufzunehmen. Dabei hat der Verwalter anhand des Objektzustandes sowie allgemeiner Erfahrungswerte zu schätzen, welche Zahlungen in die Instandhaltungsrücklage voraussichtlich erforderlich sein werden.

Kostenverteilungsschlüssel

Im Wirtschaftsplan ist die anteilsmäßige Verpflichtung zur Lasten- und Kostentragung auszuweisen (§ 28 Abs. 1 Nr. 2 WEG). Dabei ist der in der Gemeinschaftsordnung vorgesehene oder, wenn ein solcher nicht existiert, der gesetzliche Kostenverteilungsschlüssel zugrunde zu legen. Widerspricht der Wirtschaftsplan diesen Anforderungen, so ist er auf eine Anfechtungsklage hin für ungültig zu erklären.

Einzelwirtschaftsplan

Der Wirtschaftsplan muss einen sogenannten Einzelwirtschaftsplan, das heißt für jeden Eigentümer eine konkrete Berechnung unter Berücksichtigung des gültigen Verteilungsschlüssels, enthalten. Der Einzelwirtschaftsplan gehört zu den unverzichtbaren Bestandteilen des Wirtschaftsplans. Fehlt der Einzelwirtschaftsplan, ist die Genehmigung des Wirtschaftsplans auf Antrag für ungültig zu erklären (BGH, NZM 2005, 543).

Pflicht des Verwalters zur Aufstellung eines Wirtschaftsplans

Der Verwalter muss zur Aufstellung eines Wirtschaftsplans nicht gesondert aufgefordert werden. Er ist gemäß §§ 28 Abs. 1, 21 Abs. 5 Nr. 5 WEG verpflichtet, für jedes Kalenderjahr einen Wirtschaftsplan aufzustellen. Unterbleibt die Aufstellung, so kann jeder Wohnungseigentümer die Anfertigung gerichtlich durchsetzen (§ 43 Nr. 3 WEG).

Genehmigung des Wirtschaftsplans durch Eigentümerbeschluss

Der Wirtschaftsplan wird von der Wohnungseigentümergemeinschaft mehrheitlich genehmigt (§ 28 Abs. 5 WEG). Gemäß § 29 Abs. 3 WEG wird der Wirtschaftsplan vor der Abstimmung durch die Wohnungseigentümergemeinschaft vom Verwaltungsbeirat geprüft und mit dessen Stellungnahme versehen. Der Verwalter hat die beabsichtigte Beschlussfassung in der Tagesordnung anzukündigen. Er hat den Wirtschaftsplan den Eigentümern zugänglich zu machen, was in der Regel dadurch geschieht, dass der Wirtschaftsplan zusammen mit der Tagesordnung übersandt wird. Aus dem Beschluss über den Wirtschaftsplan muss sich unmittelbar die Höhe der jeweiligen Beteiligung des Eigentümers ergeben.

Fortgeltung des Wirtschaftsplans

Der Wirtschaftsplan gilt grundsätzlich nur für das Kalenderjahr, für das er aufgestellt wurde. Die Eigentümer können jedoch beschließen, dass der Wirtschaftsplan über das Kalenderjahr hinaus fortgelten soll. Ein solcher Beschluss entspricht ordnungsgemäßer Verwaltung, da gesichert ist, dass die monatlich von den Eigentümern zu bezahlenden Wohngelder auch weiterhin fällig werden. Die Eigentümergemeinschaft kann aber nicht generell beschließen, dass jeder Wirtschaftsplan so lange gilt, bis ein neuer aufgestellt wird, da dies den gesetzlichen Vorgaben, wonach ein Wirtschaftsplan jeweils für ein Kalenderjahr aufzustellen ist, widerspricht.

Fehlerhafte Wirtschaftspläne – Anfechtungsgründe

Enthält der Wirtschaftsplan einen unzutreffenden Verteilerschlüssel, etwa Wohnfläche anstatt vereinbarten Miteigentumsanteilen, so kann jeder Eigentümer den Wirtschaftsplan erfolgreich mit einer Anfechtungsklage angreifen. Gleiches gilt, wenn ein Kostenverteilungsschlüssel gänzlich fehlt.

Ein Wirtschaftsplan entspricht ferner nicht ordnungsgemäßer Verwaltung, wenn er zu wesentlich überhöhten Vorschüssen oder zu erheblichen Nachzahlungen führt (BayObLG NZM 1998, 334). Werden die Kosten im Wirtschaftsplan zu niedrig bemessen, so führt dies im Falle der Anfechtung durch einen Eigentümer allein noch nicht zur Aufhebung des Wirtschaftsplans. Eine voraussichtliche Unterdeckung führt aber dann zur Ungültig-erklärung, falls dies zu erheblichen Liquiditätsengpässen der Wohnungseigentümergemeinschaft führen wird. Ein solcher Wirtschaftsplan entspricht nicht ordnungsgemäßer Verwaltung.

Kleinere Ungenauigkeiten führen nicht zur Ungültigerklärung des Wirtschaftsplans. Der Wirtschaftsplan ist eine Schätzung der voraussichtlichen Kosten, sodass Ungenauigkeiten hinzunehmen sind.

Es entspricht ebenfalls nicht ordnungsgemäßer Verwaltung, wenn der Verwalter eine Erhöhung seiner Vergütung im Wirtschaftsplan vorsieht. Der Verwalter darf seine Vergütung nicht einfach in der Weise erhöhen, dass er den erhöhten Betrag in den Wirtschaftsplan einstellt. Hierfür bedarf es eines Mehrheitsbeschlusses (vgl. OLG Düsseldorf, Beschluss vom 25.1.2005, Az. I – 3 Wx 326/04).

Solange der Beschluss über den Wirtschaftsplan von einem Gericht noch nicht rechtskräftig für ungültig erklärt worden ist, bleibt es bei dessen Gültigkeit. Die monatlichen Wohngeldzahlungen sind bis zur Ungültigerklärung fällig und müssen bezahlt werden. Die Anfechtungsklage hat keine aufschiebende Wirkung. Wohngelder dürfen daher nicht zurückgehalten werden.

Die Jahresabrechnung

Häufiger Streitpunkt zwischen Verwalter und Wohnungseigentümergemeinschaft ist die Jahresabrechnung.

Die Jahresabrechnung wird vom Verwalter erstellt und von der Eigentümergemeinschaft durch Mehrheitsbeschluss in der Eigentümerversammlung genehmigt. Sie muss den Grundsätzen einer ordnungsgemäßen Buchführung entsprechen. Die Einnahmen und Ausgaben müssen vollständig sein. Alle Einnahmen und Ausgaben müssen zeitlich und nach Sachgruppen geordnet sein.

Die Praxis zeigt, dass Jahresabrechnungen häufig fehlerhaft sind. In diesen Fällen muss der Eigentümer gegen den Genehmigungsbeschluss über die Jahresabrechnung innerhalb der Anfechtungsfrist von einem Monat

Anfechtungsklage nach § 46 WEG erheben. Versäumt er dies, so werden die Jahresabrechnungen bestandskräftig. Die Korrektur von Fehlern in der Jahresabrechnung ist dann nicht mehr möglich.

Einnahmen und Ausgaben nach dem Zu und Abflussprinzip

Die Jahresabrechnung ist nicht in Form einer Bilanz zu erstellen, sondern als reine Einnahmen- und Ausgabenrechnung aufzustellen. Es gilt das so genannte Zu- und Abflussprinzip. Alles, was im Wirtschaftsjahr eingenommen und ausgegeben wird, ist in die Jahresabrechnung einzustellen. Forderungen und Verbindlichkeiten haben in der Jahresabrechnung grundsätzlich nicht aufzutauchen (z. B. Geldschulden säumiger Miteigentümer). Wohngeldvorauszahlungen sind – anders als im Wirtschaftsplan (vgl. Seite 61) nur in tatsächlicher geleisteter Höhe in die Jahresabrechnung einzustellen. Die Jahresabrechnung muss die Gesamteinnahmen und Gesamtausgaben enthalten.

Auch unberechtigte Ausgaben gehören in die Jahresabrechnung. Es kommt nicht darauf an, ob die Ausgaben getätigt werden durften oder nicht. Maßgeblich ist allein, ob die Ausgaben tatsächlich erfolgt sind. Dies ist Folge des Zu- und Abflussprinzips. Daher gehören entsprechende Ausgaben in die Jahresabrechnung und berühren die formale Richtigkeit der Abrechnung nicht. Hat der Verwalter unberechtigte Ausgaben getätigt, für die es keine gesetzliche Grundlage oder einen Beschluss der Eigentümer gibt, so macht er sich möglicherweise schadensersatzpflichtig. In diesem Fall darf dem Verwalter keine Entlastung erteilt werden.

Die Gerichte fordern eine geordnete und übersichtliche Zusammenstellung aller Einnahmen und Ausgaben. Die Abrechnung muss im Übrigen klar und übersichtlich sein. Sie muss aus sich heraus verständlich und nachprüfbar sein.

Verteilungsschlüssel

Die Jahresabrechnung muss für jede einzelne Kostenposition den Kostenverteilungsschlüssel erkennen lassen. Es muss der nach der Gemeinschaftsordnung geltende Kostenverteilungsschlüssel oder – sofern ein solcher nicht besteht – der gesetzliche Kostenverteilungsschlüssel (§ 16 WEG) angewandt werden. Wird der Jahresabrechnung ein unzutreffender Verteilungsschlüssel zugrunde gelegt, so ist die Abrechnung auf Anfechtung hin für ungültig zu erklären.

Gesamt- und Einzelabrechnung

Die Jahresabrechnung besteht aus einer Gesamtabrechnung sowie den Einzelabrechnungen. Die Einzelabrechnung weist das Ergebnis konkret für die jeweilige einzelne Wohnung aus: Darin werden die Ausgaben unter Mitteilung des jeweiligen Verteilungsschlüssels auf die einzelnen Wohnungseigentümer aufgeteilt (BayObLG, Beschluss vom 9.8.1990, NJW RR 1991, 15). Die Einzelabrechnung ist aus der Jahresgesamtabrechnung abzuleiten. Gleichzeitig mit der Einzelabrechnung hat der jeweilige Eigentümer eine Heizkosteneinzelabrechnung zu erhalten..

Kontenstand

Eine vollständige Jahresabrechnung muss den Stand der gemeinschaftlichen Konten zu Anfang und zu Ende des Wirtschaftsjahres mitteilen. Die Jahresabrechnung ist rechnerisch nachvollziehbar und schlüssig, wenn der Saldo zwischen den tatsächlichen Einnahmen und Ausgaben mit dem Saldo der Kontenstände von Jahresanfang und Jahresende übereinstimmt. Die Darstellung der Kontenentwicklung ist deshalb wesentlicher Bestandteil einer Jahresabrechnung. Fehlen diese Angaben, so ist die Jahresabrechnung zwar nicht für ungültig zu erklären, es besteht aber ein Anspruch auf Ergänzung.

Demgegenüber gehört eine Aufstellung über Forderungen und Verbindlichkeiten der Wohnungseigentümergemeinschaft nicht zu den wesentlichen Bestandteilen der Jahresabrechnung (BayObLG, Beschluss vom 21.12.1999, Az. 2Z BR 79/99, NZM 2000, 280). Gleiches gilt für Zahlungen, die im Vorjahr eingegangen sind oder erst im nächsten Jahr erwartet werden. Dennoch ist es sinnvoll und teilweise zum Verständnis der Kontenentwicklung notwendig, dass diese Posten vom Verwalter mitgeteilt werden (BayObLG, Beschluss vom 21.12.1999, Az. 2Z BR 79/99, NZM 2000, 280).

Sonderfall: Heizkosten

Grundsätzlich gilt, dass sämtliche im Wirtschaftsjahr entstandenen Einnahmen und Ausgaben in die Jahresabrechnung einzustellen sind. Im Umkehrschluss heißt das: Einnahmen und Ausgaben außerhalb eines Wirtschaftsjahres haben in der Abrechnung grundsätzlich nichts verloren. Eine Ausnahme gilt bei den Heizkosten.

Heizkosten sind verbrauchsabhängig für das Wirtschaftsjahr abzurechnen. Sie müssen sich nicht – wie sonst bei der Jahresabrechnung vorgeschrieben – ausschließlich an den bezahlten Rechnungen im Kalenderjahr orientieren. Für die Heizkostenabrechnung werden daher Rechnungsabgrenzungsposten zugelassen, etwa dann, wenn Zahlungen für einen im Kalenderjahr angefallenen Verbrauch erst im Folgejahr geleistet werden (BayObLG, Beschluss vom 7.8.2003, Az. 2Z BR 47/03, NZM 2003, 900).

Sonderfall: Anwalts und Gerichtskosten

Grundsätzlich gilt § 16 Abs. 8 WEG: Die Kosten eines gerichtlichen Beschlussanfechtungsverfahren gehören nicht zu den Kosten der Verwaltung im Sinne des § 16 Abs. 2 WEG. Vorrang vor einer Verteilung der Kosten im Innenverhältnis der Wohnungseigentümer untereinander hat immer die gerichtliche Kostenentscheidung. Wenn also das richterliche Urteil im Kostenpunkt lautet: „Die Beklagten tragen die Kosten des Rechtsstreits", so darf der Kläger weder über die Jahresabrechnung noch über eine Sonderumlage oder Ähnliches an den Kosten des Rechtsstreits – auch nicht anteilsmäßig – beteiligt werden.

Fehlerhafte Jahresabrechnungen

Ist eine Jahresabrechnung fehlerhaft, so muss der Eigentümer, wenn er eine Bestandskraft der Abrechnung verhindern will, den Genehmigungsbeschluss innerhalb eines Monats durch Anfechtungsklage nach § 46 WEG beim zuständigen Amtsgericht angreifen. Sonst können Fehler in der Abrechnung grundsätzlich nicht mehr korrigiert werden.

FEHLERHAFTE JAHRESABRECHNUNGEN

Eine Abrechnung gemäß § 28 Abs. 3 WEG muss das gesamte Kalenderjahr umfassen. Legt der Verwalter keine Gesamtjahresabrechnung vor, sondern stattdessen vier Quartalsabrechnungen, so entspricht der Genehmigungsbeschluss der Eigentümergemeinschaft nicht ordnungsgemäßer Verwaltung (OLG Düsseldorf, Beschluss vom 6.9.2006, Az. 3 Wx 120/06).

Ein Beschluss, die Heizkosten abweichend von § 7 Heizkostenverordnung zu 100 Prozent nach Verbrauch umzulegen, entspricht nicht ordnungsgemäßer Verwaltung (OLG Hamm, Beschluss vom 22.12.2005, Az. Wx 375/04).

Ein Beschluss über die Genehmigung der Jahresabrechnung ist auf Anfechtungsklage hin für ungültig zu erklären, wenn zuvor keine Möglichkeit bestand, in zumutbarer und ausreichender Weise auch in die Einzelabrechnungen der anderen Wohnungseigentümer Einsicht zu nehmen (OLG Köln, Beschluss vom 24.8.2005, Az. Wx 80/05).

Die Genehmigung einer Einzelabrechnung ist ferner anfechtbar, soweit sie Positionen ausweist, die nicht aus der Gesamtabrechnung abgeleitet werden können.Fehlt die Angabe des Kostenverteilungsschlüssels, die sich auf alle Einzelabrechnungen auswirkt, führt dies zur Anfechtbarkeit im Ganzen (BayOLG WuM 1994,568).

Häufig sieht die Gemeinschaftsordnung die Kostenverteilung nach Miteigentumsanteilen vor. Dies gilt dann für sämtliche Kostenarten. Ein oft anzutreffender Fehler in Jahresabrechnungen ist es, dennoch die Verwaltervergütung nach der Anzahl der Wohnungen und nicht nach Miteigentumsanteilen aufzuteilen. Grund dafür ist, dass die Verwalterverträge oftmals vorsehen, dass die Verwaltervergütung nach einzelnen Wohneinheiten bemessen wird. Auch die Verwaltergebühr ist aber in diesem Fall nach Miteigentumsanteilen zu verteilen. Die Vereinbarungen im Verwaltervertrag ändern daran nichts, da der Verwaltervertrag gegenüber der Gemeinschaftsordnung nachrangig ist. Viele Jahresabrechnungen können mit diesem Argument erfolgreich angefochten werden.

Wer bei einem Eigentümerwechsel haftet

Wird Wohnungseigentum während eines laufenden Wirtschaftsjahres veräußert, so stellt sich die Frage, wer – Veräußerer oder Erwerber – gegenüber der Eigentümergemeinschaft für Kosten und Lasten und gegebenenfalls zu welchem Anteil haftet. Oder umgekehrt: Wem steht ein Guthaben aus einer Jahresabrechnung zu, dem Veräußerer oder dem Erwerber?

Ein Eigentümerwechsel bewirkt eine Zäsur. Mit Eintragung des neuen Eigentümers im Grundbuch ist dieser verpflichtet, die laufenden Wohngelder zu tragen. Er erhält auch ein eventuelles Guthaben aus der Jahresabrechnung. Der im Kaufvertrag vereinbarte Übergang von Besitz, Nutzen und Lasten ist für die Kostentragungspflicht des Eigentümers im Verhältnis zur Wohnungseigentümergemeinschaft nicht maßgeblich, sondern allein die Eintragung. Ein Ausgleich erfolgt dann nur im Innenverhältnis zwischen Verkäufer und Käufer.

Entlastung des Verwalters

Durch den Entlastungsbeschluss bestätigt die Eigentümergemeinschaft, dass die Tätigkeit des Verwalters im zurückliegenden Zeitraum ordnungsgemäß war. Sie spricht dem Verwalter für die Zukunft gleichzeitig das Vertrauen aus.

Ein Anspruch des Verwalters auf Entlastung besteht nicht. Beschließt die Eigentümergemeinschaft aber (freiwillig) die Entlastung, so hat dies die Wirkung eines „negativen Schuldanerkenntnisses" (§ 397 Abs. 2 BGB). Dies hat zur Folge, dass Schadensersatzansprüche gegen den Verwalter nicht mehr geltend gemacht werden können (OLG München, Beschluss vom 6.3.2006, Az. 34 Wx 29/05). Ein negatives Schuldanerkenntnis umfasst grundsätzlich alle Ersatzansprüche gegen den Verwalter – mit Ausnahme von Ansprüchen aus einer Straftat –, soweit sie den Wohnungseigentümern bekannt waren oder bei sorgfältiger Prüfung hätten erkannt werden können (BGH NJW 2003, 3124; BGH, Beschluss vom 17.7.2003, Az. V ZB 11/03, NZM 03/764). Ein Eigentümerbeschluss, der dem Verwalter Entlastung erteilt, widerspricht dann ordnungsgemäßer Verwaltung, wenn bereits erkennbar ist, dass Ansprüche gegen den Verwalter in Betracht kommen, und nicht aus besonderen Gründen Anlass besteht, auf diese Ansprüche zu verzichten (BGH, Beschluss vom 25.9.2003, Az. 5 ZB 40/03, NZM 2003, 951).

Wird dem Verwalter zusammen mit der Jahresabrechnung Entlastung erteilt, so widerspricht die Entlastung ordnungsgemäßer Verwaltung, wenn die Jahresabrechnung nicht korrekt ist. Fehlt z. B. der Stand der Gemeinschaftskonten, insbesondere der Instandhaltungsrücklage, so ist die Jahresabrechnung nicht ordnungsgemäß (BGH, Beschluss vom 25.9.2003, Az. V ZB 40/03, NZM 2003, 950).

Entlastung des Verwaltungsbeirats

Die Ausführungen zur Entlastung des Verwalters gelten gleichermaßen für die des Verwaltungsbeirats. Zwar sind Beiratsmitglieder nicht verpflichtet, jede einzelne Rechnung, die der Jahresabrechnung zugrunde liegt, im Einzelnen zu überprüfen. Es genügt eine stichprobenartige Rechnungs- und Belegprüfung. Ist die Jahresabrechnung allerdings nicht vollständig, etwa weil der Verwalter es versäumt hat, die Kontenstände zu Beginn und am Ende des Wirtschaftsjahres darzustellen, so widerspricht auch die Entlastung des Verwaltungsbeirats ordnungsgemäßer Verwaltung (OLG Düsseldorf, Beschluss vom 3.12.2004, Az. 3 Wx 261/04). Die Entlastung des Verwaltungsbeirats ist nach § 21 Abs. 4 WEG rechtswidrig, wenn die vom Beirat geprüfte Abrechnung fehlerhaft ist und geändert werden muss (BGH, Urteil vom 4.12.2009, Az. V ZR 44/09, BGHZ 156, 19).

Aufrechnung/Zurückbehaltungsrecht von Wohngeldforderungen

Die Eigentümergemeinschaft ist aus Liquiditätsgründen darauf angewiesen, dass Wohnungseigentümer ihre Wohngelder pünktlich und vollständig bezahlen. Die Zahlungsfähigkeit darf daher nicht durch eine Auseinandersetzung mit Gegenansprüchen gefährdet werden. Deshalb ist die Aufrechnung eines Wohnungseigentümers gegen Beitragsansprüche (Wohngelder) nach gefestigter Rechtssprechung nicht zulässig (BayObLG NZM 1999, 1059; BayObLG NZM 1998, 918). Die Einschränkung von Aufrechnung und Zurückbehaltungsrecht gilt nicht nur für Wohngeldvorschüsse, sondern auch für Nachforderungen aufgrund einer Jahresabrechnung (BayObLG, Beschluss vom 28.9.2000, Az. 2Z BR 102/00). Gegen

Wohngeldforderungen kann wirksam nur mit anerkannten oder rechtskräftig festgestellten Gegenforderungen sowie mit Ansprüchen aus Notgeschäftsführung aufgerechnet werden (BayObLG, Beschluss vom 23.4.1998, Az. 2Z BR 162/97).

NOTGESCHÄFTSFÜHRUNG

> Eine Notgeschäftsführung liegt z. B. bei der Beauftragung eines Dachdeckers zur Noteindeckung nach einem Sturmschaden, eines Handwerkers zur Beseitigung eines Wasserrohrbruchs oder einer Rohrverstopfung, eines Gasnotdienstes oder eines Schlüsseldienstes nach Einbruch und Beschädigung der Hauseingangstür vor.

Ein Zurückbehaltungsrecht eines Wohnungseigentümers gegen Wohngeldforderungen kann in der Gemeinschaftsordnung allerdings vollständig wirksam ausgeschlossen werden (BayObLG, Az. 2Z BR 24/01, NZM 2001, 766). Eine Aufrechnung bzw. ein Zurückbehaltungsrecht ist in diesem Fall überhaupt nicht möglich.

Sonderumlagen

Grundsätzlich ergibt sich die Höhe des vom jeweiligen Eigentümer monatlich zu zahlenden Wohngeldes aus dem beschlossenen Wirtschaftsplan. Oftmals stellt sich im Laufe des Wirtschaftsjahres aber heraus, dass die vorhandenen finanziellen Mittel nicht ausreichend sind, z. B. bei plötzlich auftretendem Reparaturbedarf oder bei Wohngeldrückständen wegen Insolvenz eines Miteigentümers. In solchen Fällen entspricht es ordnungsgemäßer Verwaltung, Liquiditätsschwierigkeiten durch eine Sonderumlage zu beseitigen. Die Sonderumlage ist eine nachträgliche Ergänzung zum Wirtschaftsplan und hat sich daher hinsichtlich formaler und inhaltlicher Kriterien am Wirtschaftsplan zu orientieren.

SONDERUMLAGE

Ein Beschluss, der für eine Sonderumlage einen von der Gemeinschaftsordnung abweichenden Verteilerschlüssel festlegt, ist nicht rechtmäßig, wird aber gültig, wenn er nicht innerhalb eines Monats angefochten wird (BayObLG, Beschluss vom 27.2.2003, Az. 2Z BR 135/02).

Ein Eigentümerbeschluss über eine Sonderumlage muss außerdem den Gesamtbetrag und den auf jeden einzelnen Eigentümer entfallenden Betrag ausweisen. Nur in Ausnahmefällen genügt es, wenn der Gesamtbetrag und der Verteilerschlüssel angegeben werden, sofern daraus der jeweilige Einzelbetrag ohne weiteres errechnet werden kann (BayObLG, Beschluss vom 20.11.2002, Az. 2 Z BR 144/01, NZM 2003, 66).

Eine Sanierungsmaßnahme, die nicht erforderlich ist, wird in der Regel nicht ordnungsgemäßer Verwaltung entsprechen. In einem solchen Fall ist deshalb auch der Beschluss über die Sonderumlage auf eine Anfechtungsklage hin für ungültig zu erklären. Wenn bereits der Beschluss über die Durchführung der Maßnahme als solche für ungültig zu erklären ist, folgt automatisch auch die Ungültigerklärung des Beschlusses über die Sonderumlage (OLG München, Az. 32 Wx 125/06).

Höhe der Sonderumlage

Die Höhe der Sonderumlage hat sich im Übrigen am geschätzten Finanzbedarf auszurichten. Die Wohnungseigentümergemeinschaft hat hierzu einen weitreichenden Ermessensspielraum. Wird eine Sonderumlage wegen Insolvenz eines Miteigentümers erhoben, so hat die Wohnungseigentümergemeinschaft einen Ermessensspielraum, ob die Sonderumlage lediglich in Höhe der offenen Forderungen erfolgt oder im Hinblick auf den mit an Sicherheit grenzender Wahrscheinlichkeit zu erwartenden (gesamten) Zahlungsausfall des Eigentümers (Kammergericht, Beschluss vom 26.3.2003, Az. 24 W 177/02, NJW NR 2003, 1020).

Fälligkeit von Sonderumlagen

Der Beschluss über eine Sonderumlage hat zweckmäßigerweise einen Fälligkeitszeitpunkt zu enthalten. Bei dringenden Reparaturmaßnahmen ist davon auszugehen, dass die Sonderumlage sofort fällig ist. Enthält der Eigentümerbeschluss über die Sonderumlage keinen konkreten Fälligkeitszeitpunkt, so wird die Sonderumlage mit Abruf durch den Verwalter fällig. Kann ein Eigentümerbeschluss über eine Sonderumlage wegen besonderer Dringlichkeit (Notmaßnahme) nicht rechtzeitig herbeigeführt werden, so kann der Verwalter ausnahmsweise nach § 669 BGB – ohne Eigentümerbeschluss – einen Vorschuss von den Eigentümern verlangen.

 KEINE AUFSCHIEBENDE WIRKUNG

Die Anfechtungsklage gegen einen Sonderumlagebeschluss hat keine aufschiebende Wirkung, sodass Sonderumlagen in jedem Fall zum beschlossenen Fälligkeitszeitpunkt zu bezahlen sind. Eine Zahlungspflicht entfällt erst dann, wenn der Beschluss von einem Gericht rechtskräftig für ungültig erklärt worden ist.

Instandhaltungsrücklage

Jede Immobilie muss laufend instand gehalten und, wenn z. B. die Heizungsanlage erneuert werden muss oder Fassaden-, Balkon- oder Dachsanierungen anstehen, instand gesetzt werden. Derartige Reparaturen bedeuten einen hohen finanziellen Aufwand, an dem sich alle Miteigentümer entsprechend ihrem Anteil zu beteiligen haben.

Damit die Eigentümer vor einmaligen Ausgaben, die ihre Leistungsfähigkeit unter Umständen überschreiten, geschützt sind und um die ordnungsgemäße Instandhaltung und -setzung des gemeinschaftlichen Eigentums zu gewährleisten, sieht § 21 Abs. 5 Nr. 4 WEG die Ansammlung einer Instandhaltungsrücklage vor. Eine gesetzliche Verpflichtung zur Bildung einer Instandhaltungsrücklage wird von den Gerichten verneint. Allerdings kann jeder Eigentümer nach § 21 Abs. 4 WEG als Maßnahme ordnungsgemäßer Verwaltung verlangen, dass eine Instandhaltungsrücklage gebildet wird.

Die Entwicklung der Instandhaltungsrücklage, insbesondere die Höhe sowie die Verwendung der Mittel, sind in der Jahresabrechnung darzustellen. Nach einem neueren Urteil des BGH (Urteil vom 4.12.2009, Az. V ZR 44/09) dürfen bei der Verbuchung von Zahlungen auf die Instandhaltungsrücklage nur die tatsächlichen Zahlungen berücksichtigt werden. Zahlungen auf die Instandhaltungsrücklage sind dabei weder als Ausgabe noch als sonstige Kosten auf der Aufgabenseite zu verbuchen, sondern ausschließlich als Einnahme. Sollbeträge dürfen nun nicht mehr eingestellt werden, sondern ausschließlich tatsächlich erfolgte Zahlungen.

Bisher war es üblich, Zahlungen, die von Wohnungseigentümern auf das Gemeinschaftskonto geleistet wurden, im Rahmen der Jahresabrechnung als Ausgabe des Gemeinschaftskontos und als Einnahme bei der Instandhaltungsrücklage zu verbuchen. Der BGH stellte in der zitierten Entscheidung fest, dass eine solche Darstellung als Ausgabe nun nicht mehr in Betracht kommt, sondern ausschließlich als Einnahme. Sofern die Jahresabrechnung diesen neuen Grundsätzen nicht entspricht, kann sie jedenfalls im Hinblick auf die Position „Darstellung der Instandhaltungsrücklage – sonstige Kosten" mit der Anfechtungsklage angegriffen werden.

Die Höhe der Instandhaltungsrücklage ist nach objektiven Maßstäben zu bestimmen.

Entscheidend ist, was ein verständiger und vorausschauender Eigentümer zur Pflege seines Eigentums zurücklegen würde. Bei Neubauten ist die Instandhaltungsrücklage deshalb entsprechend niedriger zu bemessen als bei Altbauten. Hinsichtlich der Höhe der zu beschließenden Instandhaltungsrücklage haben die Wohnungseigentümer einen weiten Ermessensspielraum. Dieser ist von den Gerichten nur eingeschränkt überprüfbar.

Die Eigentümergemeinschaft hat auch einen Spielraum, ob sie eine vorhandene Instandhaltungsrücklage zur Finanzierung von Sanierungsmaßnahmen vollständig oder teilweise in Anspruch nimmt. Ein Anspruch auf vollständige Ausschöpfung der Instandhaltungsrücklage besteht nicht. Die Eigentümergemeinschaft kann deshalb neben der Entnahme aus der Instandhaltungsrücklage auch beschließen, dass ein Teil der Maßnahme über

Sonderumlagen finanziert wird (BayObLG, Beschluss vom 22.9.2004, Az. 2Z BR 142/04, NZM 2005, 747).

Zweckbestimmung der Instandhaltungsrücklage

Es herrscht eine Zweckbestimmung der Rücklage – sie ist grundsätzlich für Instandhaltungen zu verwenden. Ein einzelner Wohnungseigentümer kann deshalb die Auszahlung seines Anteils an der Instandhaltungsrücklage nicht verlangen.

Zulässig sind Eigentümerbeschlüsse zur Beauftragung eines Sachverständigen zu weiteren Sanierungsuntersuchungen. Ebenso kann die Beauftragung eines Rechtsanwalts mit der rechtsberatenden Begleitung einer Sanierungsmaßnahme beschlossen werden. Die Honorare für Sachverständige und Rechtsberater können in diesen Fällen grundsätzlich auch aus der Instandhaltungsrücklage entnommen werden (OLG München, Beschluss vom 25.1.2006, Az. 34 Wx 114/05).

Anlage der gemeinschaftlichen Gelder aus der Instandhaltungsrücklage

Die Wohnungseigentümergemeinschaft entscheidet durch Mehrheitsbeschluss über die Art der Anlage der Instandhaltungsrücklage. Nachdem die Instandhaltungsrücklage aber Teil des Verwaltungsvermögens ist, ist eine sichere Anlage zu wählen. Spekulative Anlagen verstoßen gegen die Grundsätze ordnungsgemäßer Verwaltung (§ 21 Abs. 3 und 4 WEG).

Umstritten ist, ob die Anlage der Instandhaltungsrücklage im Rahmen eines Bausparvertrags zulässig ist. Gegen einen Bausparvertrag spricht jedenfalls, dass bei dieser Anlageform die Gelder nicht immer frei und sofort verfügbar sind.

Begrenztes Vorrecht für Wohngeldforderungen in der Zwangsversteigerung

Es ist keine Seltenheit mehr, dass einzelne Wohnungseigentümer ihre Wohngelder nicht bezahlen. Hierdurch kann die Wohnungseigentümergemeinschaft erheblichen Schaden erleiden. Häufig mussten bisher Wohngeldausfälle durch Sonderumlagen von den übrigen Wohnungseigentümern mitgetragen werden. Durch die Neuregelung in § 10 Abs. 1 Nr. 2 des Gesetzes über die Zwangsversteigerung und die Zwangsverwaltung (ZVG) hat die Eigentümergemeinschaft nun eine erhebliche Stärkung erfahren. Nach bisherigem Recht waren in der Zwangsversteigerung die Grundpfandgläubiger (das heißt in der Regel die finanzierenden Banken) bevorrechtigt. Nach der Neufassung des § 10 Abs. 1 Nr. 2 ZVG sind nunmehr die Forderungen der Wohnungseigentümer, insbesondere Wohngelder, Zahlungen aus Jahresabrechnungen und Rückstellungen bevorrechtigt. Das bedeutet: Aus dem Versteigerungserlös werden erstrangig diese Forderungen der Wohnungseigentümer bedient.

Es handelt sich allerdings um ein begrenztes Vorrecht. Es erfasst die laufenden und die rückständigen Beträge aus dem Jahr der Beschlagnahme und den letzten zwei Jahren. Das Vorrecht ist ferner begrenzt auf fünf Prozent des im Zwangsversteigerungsverfahren festgesetzten Verkehrswerts. Darüber hinausgehende Forderungen können wie bisher nur nachrangig geltend gemacht werden.

 ZAHLUNGSTITEL

Sofern Wohngelder (§ 16 Abs. 2 WEG) oder Zahlungen aus dem laufenden Wirtschaftsplan (§ 28 Abs. 2, Abs. 5 WEG) tituliert werden sollen, ist unbedingt darauf zu achten, dass im Zahlungsantrag aufgenommen wird, dass es sich bei der Zahlung um Wohngelder/Gelder aus dem Wirtschaftsplan handelt. Wenn der Titel nur „Zahlung eines Geldbetrags" lautet, kann das Vollstreckungsgericht im Rahmen der Zwangsversteigerung nicht ohne Weiteres feststellen, dass es sich um bevorrechtigte Ansprüche im Sinne des § 10 ZVG handelt. Bei der Anmeldung zum Zwangsversteigerungsverfahren wird grundsätzlich nur der Zahlungstitel, nicht aber die Klageschrift berücksichtigt. Wenn in diesem Zahlungstitel ein entsprechender Vermerk, dass es sich um bevorrechtigte Ansprüche im Sinne des § 10 ZVG handelt, nicht enthalten ist, riskiert man, dass die Ansprüche als nicht bevorrechtigt eingestuft und insoweit lediglich nachrangig berücksichtigt werden.

Die Wohnungseigentümerversammlung

Die Wohnungseigentümerversammlung ist das oberste Verwaltungsorgan der Wohnungseigentümergemeinschaft. Hier werden die Angelegenheiten geregelt, über die die Wohnungseigentümer nach dem Gesetz oder nach Vereinbarung der Wohnungseigentümer durch Beschluss entscheiden können. Darüber hinaus dient die Versammlung dem Informations- und Meinungsaustausch zwischen den Wohnungseigentümern und dem Verwalter. Sie schafft die Möglichkeit, Konflikte und Meinungsverschiedenheiten auszutragen.

Wie die Versammlung einberufen wird

Die Eigentümerversammlung muss gemäß § 24 Abs. 1 WEG mindestens einmal im Jahr vom Verwalter einberufen werden. Außerdem kommt eine Einberufung in Betracht, wenn

- eine Vereinbarung in der Gemeinschaftsordnung der Wohnungseigentümer die Einberufung einer Versammlung für bestimmte Fälle vorsieht oder

- mehr als ein Viertel der Wohnungseigentümer schriftlich unter Angabe des Zwecks und der Gründe die Einberufung verlangt (man spricht dann vom sogenannten Minderheitenquorum).

EIGENTÜMER WOLLEN VERWALTER KÜNDIGEN

Ein Viertel der Eigentümer plant, den Verwalter aus wichtigem Grund abzuberufen. Liegen die Voraussetzungen für die Einberufung durch das Minderheitenquorum vor, ist der Verwalter verpflichtet, die Versammlung einzuberufen.

Fehlt ein Verwalter oder weigert er sich pflichtwidrig, so kann der Vorsitzende eines bestellten Verwaltungsbeirats oder sein Stellvertreter die Versammlung einberufen. In dringenden Fällen kann auch das Wohnungseigentumsgericht bestimmen, dass der Verwalter zur Einberufung einer Versammlung verpflichtet ist. Das Gericht kann auch einen einzelnen Eigentümer, der einen entsprechenden Antrag gestellt hat, ermächtigen, die Versammlung einzuberufen.

Sind bei Eröffnung der Erstversammlung nicht mehr als die Hälfte der stimmberechtigten Miteigentumsanteile vorhanden, so muss erneut eine Versammlung mit gleichem Gegenstand einberufen werden. Die Einladung kann erst erfolgen, wenn die Beschlussunfähigkeit der ersten Eigentümerversammlung festgestellt wurde. Diese Versammlung ist dann ohne Rücksicht auf die Höhe der vertretenen Anteile beschlussfähig. Hierauf ist in der Einladung zur Wiederholungsversammlung hinzuweisen.

 EINBERUFUNG MIT GLEICHEM GEGENSTAND

Die Zweitversammlung muss mit dem gleichen Gegenstand, also mit der gleichen Tagesordnung einberufen werden.

Neben der ordentlichen Eigentümerversammlung, die nur einmal jährlich stattfindet, kann bei eilbedürftigen Entscheidungsprozessen eine außerordentliche Versammlung erforderlich werden.

 GRÜNDE FÜR EINE AUßERORDENTLICHE VERSAMMLUNG

- Bei einer beschlossenen und sich gerade in der Ausführung befindlichen Reparaturmaßnahme treten Probleme auf, mit denen ein erheblicher Kostenmehraufwand verbunden ist.

- Über eine dringende Sonderumlage muss ein Beschluss gefasst werden.

- Es stellt sich die Frage, ob ein Rechtsmittel eingelegt oder ob ein gerichtlicher Vergleich geschlossen werden soll.

Zur Versammlung sind u.a. folgende Personen einzuladen: Wohnungseigentümer, Insolvenzverwalter, Testamentsvollstrecker, Nachlassverwalter, gesetzlicher Vertreter bei Minderjährigen oder Betreuten, gesetzlicher oder rechtsgeschäftlich bestellter Vertreter bei Kapital- oder Personengesellschaften. Nicht zu laden sind u.a. Mieter oder Pächter.

Zur Wohnungseigentümerversammlung sind alle im Grundbuch eingetragenen Wohnungseigentümer einzuladen. Dies gilt, wenn es die Teilungserklärung nicht anders vorsieht, auch für Teileigentum – also sind auch Gewerbe- und Garageneigentümer einzuladen. Steht das Eigentumsrecht mehreren Personen gemeinschaftlich zu, so müssen diese alle einzeln geladen werden. Bei einer juristischen Person als Eigentümerin muss ihr gesetzlicher Vertreter eingeladen werden.

Der Erwerber einer Eigentumswohnung, der noch nicht im Grundbuch eingetragen ist, ist nicht einzuladen, selbst dann nicht, wenn sein Anspruch auf Übereignung durch eine Vormerkung im Grundbuch gesichert ist und Besitz, Nutzen und Lasten auf ihn übergegangen sind (BGH, Urteil vom 1.2.1988, Az. V ZB 6/88). Jedoch kann der zukünftige Eigentümer vom Veräußerer mit der Vertretung und Ausübung des Stimmrechts bevollmächtigt werden.

Wird die Versammlung nicht durch den Verwalter einberufen, sondern durch den Vorsitzenden des Verwaltungsbeirats oder den hierzu gerichtlich ermächtigten Wohnungseigentümer, so ist der Verwalter dennoch zu laden, denn er hat gemäß § 24 Abs. 5 WEG den Vorsitz in der Versammlung zu führen.

Es gilt der Grundsatz der Nichtöffentlichkeit der Versammlung: Dritte Personen haben regelmäßig keinen Zugang zur Versammlung. Denn interne Angelegenheiten der Wohnungseigentümergemeinschaft sollen vertraulich behandelt werden.

Werden Eigentümer vergessen oder vorsätzlich nicht eingeladen, sind die in der Eigentümerversammlung getroffenen Beschlüsse zwar deshalb nicht nichtig, sie sind jedoch gerichtlich anfechtbar. Die Anfechtung führt dann zum Erfolg, wenn durch die ordnungsgemäße Einladung und Stimmrechtsausübung des Betroffenen das Zustandekommen des Beschlusses hätte beeinflusst werden können und dessen Beteiligung zu einem anderen Ergebnis hätte führen können.

Form und Frist der Einberufung der Versammlung

Bei der Ladung zur Eigentümerversammlung sind bestimmte Formalitäten zu beachten. Zunächst ist immer zu prüfen, ob die Gemeinschaftsordnung hierzu besondere Vereinbarungen enthält; sie können auch von den gesetzlichen Regelungen abweichen.

Die Ladung bedarf der Textform. Das heißt, es ist erforderlich, dass die Person des Einladenden erkennbar ist; die Einladung muss jedoch nicht eigenhändig unterschrieben sein. Ausreichend ist daher die maschinelle Erstellung der Einladung.

Die Einladung muss dem Wohnungseigentümer zugehen. Dies bedeutet, dass die Einladung so zum Empfänger gelangen muss, dass unter normalen Umständen mit der Kenntnisnahme gerechnet werden kann. Eine Vereinbarung in der Gemeinschaftsordnung, nach welcher die Einladung als zugegangen gilt, wenn sie der Verwalter an die ihm zuletzt benannte Adresse versendet (Zugangsfiktion), ist zulässig und empfehlenswert.

Die Einberufungsfrist beträgt zwei Wochen. Wenn ein Fall besonderer Dringlichkeit vorliegt, kann die Zwei-Wochen-Frist verkürzt werden.

Wird die Ladungsfrist nicht eingehalten, führt dies nicht zur Unwirksamkeit der Beschlüsse. Eine Beschlussanfechtung kann in diesem Fall mit der Begründung erfolgen, dass die Nichteinhaltung der Frist der Grund für das Zustandekommen eines bestimmten Beschlusses war. Diese Argumentation allein führt jedoch noch nicht zum Erfolg der Anfechtung. Es müssen noch weitere Gründe vorliegen, auf deren Verletzung die Ungültigerklärung des Beschlusses gestützt werden kann, da es sich bei der Zwei-Wochen-Frist nur um eine gesetzliche Soll-Vorschrift handelt, die daher nicht zwingend eingehalten werden muss.

Inhalt der Einladung

In der Einladung sind der Ort, die Zeit und die Tagesordnung mitzuteilen. Über diese Punkte darf der Verwalter im Rahmen einer ordnungsgemäßen Verwaltung nach eigenem Ermessen entscheiden.

Die Wahl des Versammlungsortes darf die Teilnahme nicht erschweren. Der Ort muss für die Teilnehmer erreichbar sein. Bei der Auswahl ist auf die Verkehrsüblichkeit und Zumutbarkeit, den Ort zu erreichen, zu achten.

Daher sollte die Versammlung am Ort der Wohnanlage oder in der näheren Umgebung stattfinden. Wegen des Grundsatzes der Nichtöffentlichkeit der Versammlung ist zu beachten, dass die Versammlung unter Ausschluss Dritter abgehalten werden kann, so z. B. in einem abgetrenntem Nebenraum einer Gaststätte.

Bei der Wahl des Zeitpunkts ist auf berufstätige Wohnungseigentümer Rücksicht zu nehmen. Daher muss eine verkehrsübliche Zeit gewählt werden. Zulässig ist unter Abwägung der Belange aller Eigentümer grundsätzlich auch ein Sonn- oder Feiertag. Auf die Urlaubsplanung einzelner Eigentümer muss der Verwalter seine Terminierung nicht zwingend abstimmen. Wählt der Verwalter allerdings einen ungewöhnlichen Zeitpunkt, so kann dieser Einberufungsmangel dazu führen, dass der Beschluss angefochten und für ungültig erklärt wird.

Tagesordnung

Für die Gültigkeit von Beschlüssen ist es erforderlich, dass ihr Gegenstand in der Einladung zur Versammlung ausreichend bezeichnet ist. Andernfalls kann dieser Mangel eine Beschlussanfechtung begründen. Ausreichend ist dabei meist eine schlagwortartige Bezeichnung des Beschlussgegenstands, die jedoch klar verständlich erkennen lassen muss, worüber beraten und Beschluss gefasst werden soll. Die Wohnungseigentümer sollen so vor Überraschungen bewahrt werden und die Möglichkeit haben, sich vorzubereiten. Der Beschlussgegenstand ist umso genauer in der Einladung zu bezeichnen, je größer seine Bedeutung und je geringer der Wissensstand des einzelnen Eigentümers hierzu ist.

Die Auswahl und Bezeichnung der Tagesordnungspunkte obliegt dem Verwalter. Der einzelne Eigentümer hat grundsätzlich keinen Anspruch auf die Aufnahme bestimmter Beschlussgegenstände. Eine Ausnahme gilt für die Fälle, bei denen es sich um Maßnahmen ordnungsmäßiger Verwaltung gemäß § 21 Abs. 4 WEG handelt. Weigert sich der Verwalter pflichtwidrig zur Aufnahme weiterer Tagesordnungspunkte, die ordnungsmäßiger Verwaltung entsprechen, so ist der Vorsitzende des Verwaltungsbeirats berechtigt, die Tagesordnung entsprechend zu ergänzen.

Der Verwalter ist auch verpflichtet, einen bestimmten Punkt auf die Tagesordnung zu setzen, wenn ein Viertel aller Wohnungseigentümer die Aufnahme schriftlich beantragt. Weigert sich der Verwalter dennoch, so kann dieses Verlangen gerichtlich geltend gemacht werden.

 SCHRIFTLICHEN ANTRAG STELLEN

Hat ein einzelner Eigentümer ein bestimmtes Anliegen, sollte er sich frühzeitig um die Aufnahme in die Tagesordnung bemühen und einen schriftlichen Antrag beim Verwalter mit der Bitte um Bestätigung binnen bestimmter Frist stellen. Sollte dieser ablehnen, so kann die Aufnahme gegebenenfalls noch rechtzeitig gerichtlich erwirkt werden.

Wurde bei Einberufung der Versammlung die Nennung eines Tagesordnungspunkts vergessen oder wurde dieser erst nachträglich beantragt, ist eine Ergänzung der Tagesordnung durch eine „Nachtragseinladung" grundsätzlich zulässig. Jedoch muss auch hier die zweiwöchige Ladungsfrist eingehalten werden.

Die Beschlussfähigkeit

Die Versammlung ist nur beschlussfähig, wenn die erschienenen stimmberechtigten Wohnungseigentümer mehr als die Hälfte aller Miteigentumsanteile, berechnet nach der im Grundbuch eingetragenen Größe dieser Anteile, vertreten.

Zu Beginn einer jeden Versammlung sollte der Verwalter, der den Vorsitz der Versammlung führt, feststellen, ob diese ordnungsgemäß einberufen wurde. Außerdem muss er überprüfen, ob die Versammlung beschlussfähig ist. Dies ist gemäß § 25 Abs. 3 WEG dann der Fall, wenn die erschienenen stimmberechtigten Wohnungseigentümer mit mehr als der Hälfte der Miteigentumsanteile vertreten sind.

BESCHLUSSFÄHIGKEIT AUCH WÄHREND VERSAMMLUNG PRÜFEN

Es ist zu überwachen, ob Personen die laufende Versammlung verlassen, und dann erneut zu überprüfen, ob die Versammlung noch beschlussfähig ist (ohne deren Miteigentumsanteile). Werden Beschlüsse trotz mangelnder Beschlussfähigkeit gefasst, sind diese nicht nichtig, aber binnen Monatsfrist gerichtlich anfechtbar.

Sind bei Eröffnung der Versammlung nicht mehr als die Hälfte der stimmberechtigten Miteigentumsanteile vorhanden, so bestimmt § 24 Abs. 4 WEG, dass eine sogenannte Zweitversammlung oder Wiederholungsversammlung mit demselben Gegenstand einzuberufen ist. Diese ist dann ohne Rücksicht auf die Höhe der vertretenen Anteile beschlussfähig, worauf bei der Einberufung hinzuweisen ist.

Problematisch in der Praxis ist, dass in der Wiederholungsversammlung oftmals noch weniger Eigentümer erscheinen als zur Erstversammlung. Oftmals wird daher im Einladungsschreiben zur Erstversammlung bereits zu einer Zweitversammlung eingeladen, die dann eine halbe Stunde nach der Erstversammlung stattfinden soll.

Diese Verfahrensweise ist unzulässig, sofern die Gemeinschaftsordnung eine solche Regelung nicht ausdrücklich vorsieht; allerdings führt dieser Verstoß nur zur Anfechtbarkeit der gefassten Beschlüsse, wenn sich der Einberufungsmangel auf das Beschlussergebnis auswirkt, was regelmäßig der Fall sein wird, denn es kann nicht ausgeschlossen werden, dass nicht eine andere Beschlussfassung erfolgt wäre, wäre dem anfechtenden Wohnungseigentümer die Teilnahme an der Versammlung durch Einhaltung der Einberufungsmodalitäten möglich gewesen.

Stimmrecht

Das Stimmrecht der Wohnungseigentümer ist ein wesentlicher Bestandteil ihrer Mitgliedschaftsrechte in der Wohnungseigentümergemeinschaft und zählt zum nicht abdingbaren Kernbereich des Wohnungseigentums. Gemäß § 25 Abs. 2 WEG hat jeder Wohnungseigentümer eine Stimme. Steht ein Wohnungseigentum mehreren gemeinschaftlich zu, so können sie das Stimmrecht nur einheitlich ausüben Mit ihrem Stimmrecht können die Wohnungseigentümer an der Gestaltung der Verwaltung der Wohnungseigentümergemeinschaft mitwirken und auf diese Einfluss nehmen.

Wer Inhaber des Stimmrechts ist

Inhaber des Stimmrechts ist der zum Zeitpunkt der Eigentümerversammlung im Grundbuch eingetragene Wohnungseigentümer. Der Erwerber einer Eigentumswohnung, der noch nicht im Grundbuch eingetragen ist, ist nicht stimmberechtigt, selbst dann nicht, wenn sein Anspruch auf Übereignung durch eine Vormerkung im Grundbuch gesichert ist und Besitz, Nutzen und Lasten auf ihn übergegangen sind.

Sind mehrere Personen gemeinsam als Eigentümer im Grundbuch eingetragen, so können diese ihr Stimmrecht nur einheitlich ausüben. Eine anteilige Aufspaltung des Stimmrechts ist nicht zulässig. Wird eine Einigung nicht erzielt, so entfällt die Stimme. Auch wenn eine Teilungserklärung bestimmt, dass jeder Miteigentümer eine Stimme hat, führt das Bruchteilseigentum mehrerer an einer Wohnungseigentumseinheit nicht zu einer Vermehrung der Stimmrechte.

Die einheitliche Stimmrechtsausübung kann durch übereinstimmende Mitwirkung aller Mitberechtigten in der Versammlung erfolgen oder aber dadurch, dass die Mitberechtigten einen gemeinsamen Vertreter benennen, welcher die Stimme abgibt. Allerdings kann die Stimmabgabe ungültig sein, wenn an der Ermächtigung durch den oder die übrigen Mitberechtigten Zweifel bestehen und eine Vollmacht nicht vorgelegt wird.

Stimmrechtsprinzipien

Die gesetzliche Regelung geht von der Geltung des sogenannten Kopfprinzips aus. Durch eine Regelung in der Teilungserklärung kann jedoch auch ein anderes Stimmprinzip wie etwa das Wertprinzip oder das Objektprinzip Anwendung finden.

AUF GEWICHT DES STIMMRECHTS ACHTEN

Achten Sie beim Erwerb von Sonder- oder Teileigentum stets darauf, welches Gewicht Ihr Stimmrecht hat. Je größer die Einheit ist, desto höher wird die wirtschaftliche Belastung sein und umso wichtiger ist die Beeinflussbarkeit von Beschlüssen.

Das „Kopfprinzip" bedeutet, dass jedem Wohnungseigentümer unabhängig von der Größe und vom Wert seines Miteigentumsanteils eine Stimme zusteht. Ein Eigentümer hat danach auch dann nur eine Stimme, wenn er mehrere nach dem Grundbuch selbstständige Wohnungsrechte an einem Grundstück besitzt. Veräußert er jedoch eine Wohnung an eine dritte Person, so kommt es zwangsweise zu einer „Stimmrechtsmehrung".

GEMEINSCHAFTLICHE AUSÜBUNG DES STIMMRECHTS

Sind mehrere Personen gemeinsam Eigentümer einer Eigentumswohnung (z. B. Eheleute), so können diese ihr Stimmrecht nur gemeinschaftlich ausüben, da ihnen nur eine Stimme zusteht. Gleiches gilt, wenn Eheleuten zwei Eigentumseinheiten als Mitberechtigte je zur Hälfte zustehen.

Bei unterschiedlichen Auffassungen müssen sich die Berechtigten einigen, da eine Aufspaltung des Stimmrechts nicht möglich ist. Wird keine Einigung erzielt, so entfällt die Stimme.

Wurde das „Wertprinzip" in der Teilungserklärung bzw. Gemeinschaftsordnung vereinbart, so richtet sich die Stimmkraft nach der Größe der im Grundbuch eingetragenen Miteigentumsanteile. Die Wahl des Wertprinzips ist in der Praxis der häufigste Fall und beruht vor allem darauf, dass der Eigentümer mit dem größeren Miteigentumsanteil auch einen höheren Anteil an den Lasten und Kosten des gemeinschaftlichen Eigentums zu tragen hat und ihm daher eine größere Stimmkraft zugebilligt werden soll.

Es besteht auch die Möglichkeit, das Stimmrecht von der Anzahl der Wohnungs- und Teileigentumseinheiten abhängig zu machen. Durch Regelung in der Gemeinschaftsordnung kann hierzu das „Objektprinzip" vereinbart werden. Jeder Eigentümer hat dann so viele Stimmen, wie er Sondereigentumsrechte hat.

Stimmrechtsausschluss

In bestimmten Fällen schreibt § 25 Abs. 5 WEG vor, dass ein Wohnungseigentümer von der Ausübung seines Stimmrechts ausgeschlossen ist. Dies ist dann der Fall, wenn die Beschlussfassung

- die Vornahme eines auf die Verwaltung des gemeinschaftlichen Eigentums bezüglichen Rechtsgeschäfts mit ihm betrifft,

- die Einleitung oder Erledigung eines Rechtsstreits der anderen Wohnungseigentümer gegen ihn beinhaltet oder

- er gemäß § 18 WEG rechtskräftig zur Veräußerung seines Wohnungseigentums verurteilt ist.

 STIMMRECHTSAUSSCHLUSS

Beim Abschluss eines Rechtsgeschäfts (z. B. eines Kauf- oder Werkvertrags) mit einem Miteigentümer, welches auf die Vornahme von Instandsetzungs- und Instandhaltungsmaßnahmen am Gemeinschaftseigentum gerichtet ist, ist dieser Miteigentümer nicht stimmberechtigt.

Selbst wenn ein Eigentümer wegen § 25 Abs. 5 WEG kein Stimmrecht besitzt, schließt das nicht sein Teilnahme-, Rede- und Antragsrecht bei der Versammlung aus. Er ist auch berechtigt, die ohne seine Mitwirkung gefassten Beschlüsse gerichtlich anzufechten.

Soweit ein Wohnungseigentümer von seinem Stimmrecht ausgeschlossen ist, kann er auch keine dritte Person mit der Ausübung seines Stimmrechts bevollmächtigen. Wirkt ein Eigentümer, der eigentlich von seinem Stimmrecht ausgeschlossen ist, dennoch an der Beschlussfassung mit, darf die Stimme nicht gezählt werden. Übersieht dies der Verwalter, so ist der Beschluss zunächst nicht nichtig, aber auf Anfechtung für ungültig zu erklären, wenn ohne die Stimme des Ausgeschlossenen keine Mehrheit zustande gekommen wäre.

Im umgekehrten Fall, dass einzelne Wohnungseigentümer zu Unrecht von der Beschlussfassung ausgeschlossen werden, sind diese Beschlüsse im Falle der Anfechtung unabhängig von der Frage, ob sich die Stimmrechtsausübung des Ausgeschlossenen auf das Beschlussergebnis ausgewirkt hat, für ungültig zu erklären.

Stimmrechtsvertretung

Jeder Wohnungseigentümer ist berechtigt, sich durch eine frei wählbare dritte Person bei der Eigentümerversammlung vertreten zu lassen. Die Gemeinschaftsordnung kann allerdings auch vorsehen, dass nur ein bestimmter Personenkreis, wie etwa Miteigentümer, Ehegatten oder Familienangehörige, vertretungsberechtigt sind.

WER ALS VERTRETER BESTIMMT WERDEN KANN

Als Vertreter können bestimmt werden: der Ehegatte, der Verwalter, ein Mitglied des Verwaltungsbeirats oder sonstige Miteigentümer. Rechtsanwälte, Steuerberater, Vermögensverwalter. Sogar Mieter können bevollmächtigt werden, wobei dies nicht empfehlenswert ist, da hier Interessenkollisionen vorliegen können.

Dem Vertreter ist eine Vollmacht zu erteilen. Dies kann grundsätzlich formfrei, also auch mündlich erfolgen. Um die Bevollmächtigung jedoch auch nachweisen zu können, sollte diese vorsorglich immer schriftlich erteilt werden.

Die einzelnen Wohnungseigentümer besitzen das Recht, die erteilten Vollmachten zu überprüfen.

Die Vollmacht umfasst üblicherweise nicht nur das Stimmrecht, sondern gibt dem Vertreter auch ein Rede- und Antragsrecht. Sie sollte klar erkennen lassen, welchen Umfang sie zeitlich und inhaltlich hat. Dabei kann bestimmt werden, ob die Bevollmächtigung im Hinblick auf einzelne Tagesordnungspunkte, die ganze Versammlung oder ob eine sogenannte Dauervollmacht, also auch für alle künftigen Versammlungen, vorliegt.

VOLLMACHTEN SCHRIFTLICH UND KLAR FORMULIEREN

Erteilen Sie Vollmachten immer schriftlich und klar verständlich. Ist der Vertreter nicht in der Lage, seine Bevollmächtigung durch Vorlage einer Originalvollmachtsurkunde nachzuweisen, kann der Verwalter seine Stimme zurückweisen. Dies kann auch durch Widerspruch eines einzelnen Eigentümers erfolgen.

Wie die Versammlung abläuft

Der Verwalter führt den Vorsitz in der Wohnungseigentümerversammlung, sofern die Wohnungseigentümer nichts anderes beschließen. Die Wohnungseigentümer können auch eine andere Person zum Vorsitzenden wählen. Dies kann dann sinnvoll sein, wenn in der Versammlung Vorwürfe gegen den Verwalter erörtert werden sollen oder gar geplant ist, den Verwalter abzuberufen.

Wie der Verwalter die Versammlung führt, liegt in seinem pflichtgemäßen Ermessen, das heißt, er muss für eine sachgerechte Behandlung der Tagesordnung und eine ungestörte Willensbildung der Wohnungseigentümer sorgen. Zu den Aufgaben des Vorsitzenden zählen die Eröffnung und die Schließung der Versammlung. Die Feststellung der Schließung der Versammlung ist insbesondere dann wichtig, wenn wegen Beschlussunfähigkeit der ersten Versammlung eine Zweitversammlung einberufen wird. Außerdem stellt der Verwalter fest, ob die Versammlung ordnungsgemäß einberufen wurde und ob mehr als die Hälfte der Repräsentanten der stimmberechtigten Miteigentumsanteile erschienen sind, die Versammlung damit beschlussfähig ist.

Der Versammlungsleiter ruft die Punkte der Tagesordnung in der in der Einladung angekündigten Reihenfolge auf. Ein neuer Tagesordnungspunkt darf erst dann aufgerufen werden, wenn Diskussion und Abstimmung zum vorhergehenden Tagesordnungspunkt abgeschlossen sind.

In der Versammlung ist jeder Wohnungseigentümer berechtigt, einen Antrag zur Beschlussfassung zu stellen. Das Antragsrecht sowie auch das Rederecht des Wohnungseigentümers gehören zum Inhalt seines auf dem Mitverwaltungsrecht beruhenden Teilnahmerechts.

Durch ihr Rederecht können die Versammlungsteilnehmer Einfluss auf die Meinungsbildung nehmen. Jedem Teilnehmer muss es möglich sein, sich an der Diskussion und der Meinungsbildung zu beteiligen. Bei großen Wohnungseigentümergemeinschaften und vielen Wortmeldungen hat jedoch der Vorsitzende das Recht, die Redezeit des einzelnen Wohnungseigentümers zu begrenzen, um eine zumutbare Dauer der Versammlung sicherzustellen. Hierbei hat sich die Beschränkung der Redezeit an der Bedeutung und der Schwierigkeit des Diskussionsgegenstands zu orientieren.

Hält sich ein Versammlungsteilnehmer nicht an seine Redezeit, so kann ihm nach vorheriger Abmahnung das Wort entzogen werden. Weiterhin kommt ein Wortentzug dann in Betracht, wenn sich ein Teilnehmer in beleidigender oder offenkundig unsachlicher Art und Weise äußert. Unangemessenes Benehmen und ein Verstoß gegen allgemeine Anstandsregeln können nicht nur zum Wortentzug führen, sondern auch zum Ausschluss des Wohnungseigentümers von der Versammlung. Dies darf jedoch nur als letztes Mittel in Betracht kommen, denn die Störung der Versammlung muss erheblich sein.

AUSSCHLUSS VON DER VERSAMMLUNG

Stört ein Wohnungseigentümer den Versammlungsablauf – etwa durch beleidigende Zwischenrufe, Lärm, Missachtung des Wortentzugs oder gar durch tätliche Angriffe gegenüber anderen Versammlungsteilnehmern –, sollte er zunächst mündlich ermahnt werden. Wenn der weitere ordnungsgemäße Ablauf der Eigentümerversammlung gefährdet ist, sollte er nach Androhung des Ausschlusses aus der Versammlung verwiesen werden.

Ist die Meinungsbildung zu einem Tagesordnungspunkt abgeschlossen, führt der Vorsitzende die Abstimmung zur Beschlussfassung durch. Er formuliert einen Beschlussvorschlag und lässt darüber abstimmen. Ist sich der Verwalter unschlüssig, zu welcher Meinung die Teilnehmer der Eigentümerversammlung neigen oder handelt es sich um eine besonders schwierige Abstimmung, kann er zunächst eine Probeabstimmung durchführen. Sie ist auch dann sinnvoll, wenn ein Beschluss nur mit qualifizierter Mehrheit gefasst werden kann.

In der Praxis kommt es häufig vor, dass Anträge zur Festlegung der Abstimmungsmodalitäten gestellt werden. Die Art der Abstimmung kann, soweit kein entgegenstehender Beschluss hierzu vorliegt, zunächst durch den Vorsitzenden festgelegt werden. Hierbei hat er jedoch darauf zu achten, ob die Abstimmung nach dem Kopf-, Wert- oder Objektprinzip zu erfolgen hat. Er hat die Wahl, ob er die Abstimmung offen durch Handzeichen oder geheim durch Stimmzettel durchführt. Der Vorsitzende stellt die Ja-Stimmen, die Nein-Stimmen und die Enthaltungen fest.

Nach Auszählung des Abstimmungsergebnisses stellt der Verwalter das Beschlussergebnis fest und gibt es bekannt. Außerdem muss er es in das Protokoll der Eigentümerversammlung aufnehmen.

Die Beschlussfassung

§ 23 Abs. 1 WEG bestimmt, dass die Angelegenheiten, über die die Wohnungseigentümer nach dem Wohnungseigentumsgesetz oder nach einer Vereinbarung durch Beschluss entscheiden können, durch Beschlussfassung in einer Eigentümerversammlung geordnet werden.

Abgrenzung: Beschluss oder Vereinbarung?

Zunächst ist zwischen einer Vereinbarung im Sinne des § 10 WEG und Beschlüssen nach § 23 WEG zu unterscheiden. Beschlüsse beruhen auf gleichgerichteten Willenserklärungen, Vereinbarungen haben gegenseitige (korrespondierende) Verpflichtungen zum Gegenstand. Bedeutung gewinnt die Frage der Abgrenzung dann, wenn ein allstimmiger Beschluss vorliegt. Ob nun eine von den Wohnungseigentümern allstimmig getroffene Regelung einen Beschluss oder eine Vereinbarung darstellt, ist durch Auslegung zu ermitteln. Hierbei ist nicht entscheidend, wie die Regelung bezeichnet ist ("Beschluss" oder "Vereinbarung"), sondern maßgeblich ist ihr Inhalt.

Eine Vereinbarung ist dann anzunehmen, wenn die Regelung eines Sachverhalts durch Mehrheitsbeschluss nicht möglich ist. Eine Vereinbarung wirkt aufgrund ihres schuldrechtlichen Charakters gegenüber in die Wohnungseigentümergemeinschaft neu eintretenden Wohnungseigentümern („Sonderrechtsnachfolger") nur dann, wenn sie in das Grundbuch eingetragen ist. Wirksame Beschlüsse der Wohnungseigentümer nach § 23 WEG und gerichtliche Entscheidungen in einem Rechtsstreit gemäß § 43 WEG dagegen binden den Sonderrechtsnachfolger eines Wohnungseigentümers auch ohne Grundbucheintragung.

GEGENSTÄNDE, FÜR DIE EINE VEREINBARUNG ERFORDERLICH IST

Änderungen der Gemeinschaftsordnung, z. B. die Einführung der Eventualeinladung zu einer Zweitversammlung; Begründung oder Entzug von Sondernutzungsrechten.

GEGENSTÄNDE, FÜR DIE BESCHLUSSKOMPETENZ BESTEHT

Angelegenheiten der ordnungsgemäßen Verwaltung wie die Jahresabrechnung, der Wirtschaftsplan, Reparaturen am Gemeinschaftseigentum; Regelungen des ordnungsgemäßen Gebrauchs gemäß § 15 Abs. 2 WEG wie Nutzungsregelungen für Gemeinschaftsflächen oder Regelungen der Hausordnung.

Fehlt den Wohnungseigentümern die Beschlusskompetenz für einen bestimmten Sachverhalt, der eigentlich nur durch Vereinbarung geregelt werden kann, und trifft die Eigentümerversammlung hierzu dennoch Beschlüsse, können diese Beschlüsse nichtig oder aber wirksam, jedoch anfechtbar sein.

Öffnungsklauseln

Oftmals enthalten Gemeinschaftsordnungen „Öffnungsklauseln": Das bedeutet, dass durch qualifizierten Mehrheitsbeschluss (z. B. eine Zweidrittel- oder Dreiviertelmehrheit) von den abdingbaren gesetzlichen Bestimmungen oder den getroffenen Vereinbarungen in der Teilungserklärung oder der Gemeinschaftsordnung abgewichen werden kann.

Solche Öffnungsklauseln erleichtern die Neuregelung von Sachverhalten, die sonst nur durch Vereinbarung verändert werden dürfen und sind grundsätzlich zulässig. Erforderlich ist jedoch, dass die Öffnungsklausel hinreichend bestimmt ist, dass ein sachlicher Grund für die Änderung vorliegt und kein Eigentümer gegenüber der bisherigen Regelung unbillig benachteiligt.

 ÖFFNUNGSKLAUSEL

Im Rahmen eines auf einer Öffnungsklausel beruhenden qualifizierten Mehrheitsbeschlusses wird dem Wohnungseigentümer A ein ihm eingeräumtes Sondernutzungsrecht entzogen. A hat jedoch im Vertrauen auf das ihm eingeräumte Sondernutzungsrecht erhebliche Vermögensdispositionen getroffen. A kann nun die Billigkeit, insbesondere die Verletzung von Treuepflichten und des Rücksichtnahmegebots der anderen Wohnungseigentümer, gerichtlich überprüfen lassen.

Aufgrund einer in einer Vereinbarung enthaltenen Öffnungsklausel gefasste Beschlüsse, die vom Gesetz abweichen oder eine Vereinbarung ändern, können und müssen nicht ins Grundbuch eingetragen werden. Sie wirken auch ohne Eintragung für und gegen einen in die Wohnungseigentümergemeinschaft neu eintretenden Eigentümer. Dieser kann sich durch Einsichtnahme in die Beschluss-Sammlung von der neuen Rechtslage kundig machen.

Beschlussarten

Mehrheitsbeschluss

Angelegenheiten des Gebrauchs des Gemeinschaftseigentums und der laufenden Verwaltung können grundsätzlich mit einfacher Mehrheit beschlossen werden. Ein Mehrheitsbeschluss kommt dann zustande, wenn für einen Beschlussantrag mehr Ja- als Nein-Stimmen abgegeben werden. Die Abstimmung erfolgt durch

- Zustimmung = Ja-Stimme

- Ablehnung = Nein-Stimme

- Enthaltung

Bei der Feststellung des Abstimmungsergebnisses kommt es nur auf die abgegebenen Ja- und Nein-Stimmen an. Stimmenthaltungen bleiben hierbei außer Betracht, sie sind bei der Bestimmung der Mehrheit nicht mitzuzählen.

Zu den Angelegenheiten, über die die Wohnungseigentümerversammlung nach dem WEG mit Stimmenmehrheit beschließen kann, zählen u.a. folgende Gegenstände:

- Wirtschaftsplan, Genehmigung der Jahresabrechnung und Rechnungslegung des Verwalters,

- Bestellung des Verwaltungsbeirats,

- Maßnahmen ordnungsgemäßer Verwaltung des Gemeinschaftseigentums, z. B. Aufstellung der Hausordnung, Sach- und Haftpflichtversicherung der Wohnungseigentümer,

- Bildung, Höhe und Anlage einer Instandhaltungsrücklage,

- Bestellung und Abberufung des Verwalters

Über diese durch das WEG bestimmten Beschlussgegenstände hinaus ist es möglich, dass die Wohnungseigentümer durch eine entsprechende Vereinbarung bestimmen, in welchen weiteren Angelegenheiten Beschlusskompetenz bestehen soll. Man spricht von sogenannten Öffnungsklauseln.

Qualifizierter Mehrheitsbeschluss

Die Gemeinschaftsordnung kann darüber bestimmen, bei welchen Beschlüssen eine qualifizierte Mehrheit erforderlich ist – die einfache Mehrheit reicht dann nicht aus.

ABSTIMMUNGSREGELUNGEN

In der Gemeinschaftsordnung können Vereinbarungen getroffen werden, dass bei einem bestimmten Beschlussgegenstand die Hälfte aller Eigentümer oder eine Mehrheit von 2/3, 3/4 oder auch 4/5 zustimmen muss, damit der Antrag als angenommen gelten kann. Außerdem kann bestimmt werden, ob die erforderliche Anzahl der Stimmen ausgehend von 100 Prozent aller Stimmen (Regelfall) oder von den Stimmen der in der Eigentümerversammlung Anwesenden berechnet wird. In jedem Falle ist darauf zu achten, dass die Regelung klar und deutlich formuliert wird.

Bei bestimmten gesetzlichen Beschlusskompetenzen (§§ 16 Abs. 4 und 22 Abs. 2 WEG) ist für das Zustandekommen eines Beschlusses eine sogenannte doppelt qualifizierte Mehrheit erforderlich; das bedeutet, dass

- drei Viertel aller im Grundbuch eingetragenen stimmberechtigten Eigentümer für den Beschlussgegenstand stimmen müssen und

- diese zugleich mehr als die Hälfte aller Miteigentumsanteile repräsentieren müssen.

 QUALIFIZIERTE MEHRHEIT

Bei der qualifizierten Beschlussfassung der §§ 16 Abs. 4 und 22 Abs. 2 WEG ist zu beachten, dass eine Dreiviertelmehrheit der in der Eigentümerversammlung erschienenen bzw. vertretenen Wohnungseigentümer nicht ausreicht, sondern vielmehr eine Dreiviertelmehrheit sämtlicher im Grundbuch eingetragenen und stimmberechtigten Wohnungseigentümer erforderlich ist, die gleichzeitig mehr als die Hälfte der Miteigentumsanteile repräsentieren müssen. Zudem muss die Abstimmung zwingend nach dem Kopfprinzip des § 25 Abs. 2 WEG erfolgen.

Wurde die qualifizierte Mehrheit nicht erreicht oder entgegen § 25 Abs. 2 WEG nicht nach dem Kopfprinzip abgestimmt und wurde vom Versammlungsvorsitzenden ein positiver Beschluss festgestellt und verkündet, so ist der Beschluss nicht nichtig, sondern lediglich binnen Monatsfrist anfechtbar. Hingegen wäre ein auch mit qualifizierter Mehrheit zustande gekom-

mener Beschluss nichtig, der die Kostenverteilung von Modernisierungsmaßnahmen, baulichen Veränderungen oder Instandsetzungsmaßnahmen
dauerhaft abweichend vom Gesetz oder einer Vereinbarung regeln würde.

Allstimmiger Beschluss

Der allstimmige Beschluss setzt die Zustimmung aller Wohnungseigentümer, nicht nur die der in der Versammlung anwesenden Eigentümer voraus. Falls eine Vereinbarung vorliegt, in der festgehalten ist, dass bestimmte Angelegenheiten nur durch einstimmigen Beschluss geregelt werden dürfen, muss diese beachtet werden.

Der allstimmige Beschluss ist erforderlich, wenn es sich um folgende Angelegenheiten handelt:

- Gebrauchsregelungen und Verwaltungsmaßnahmen, die über den ordnungsgemäßen Gebrauch im Sinne von § 15 Abs. 2 WEG bzw. über
die ordnungsmäßige Verwaltung im Sinne von § 21 Abs. 3 WEG hinausgehen.

- Bauliche Veränderungen und Aufwendungen gemäß § 22 Abs. 1 WEG,
die über die ordnungsgemäße Instandhaltung oder Instandsetzung des
gemeinschaftlichen Eigentums hinausgehen, jedoch keine Modernisierung oder Anpassung an den Stand der Technik gemäß § 22 Abs. 2
WEG darstellen und alle Wohnungseigentümer in dem in § 14 WEG
bestimmten Maß beeinträchtigen. Als Beeinträchtigung im Sinne des
§ 14 WEG gilt hier jeder nicht ganz unerhebliche Nachteil. Dies
können beispielsweise Immissionen in Form von Gerüchen oder Ge-
räuschen sein, Beeinträchtigungen von Stabilität und konstruktiver
Sicherheit, deutliche und nachteilige Veränderungen des äußeren Er-
scheinungsbildes der Wohnanlage, auch ästhetische Kriterien sind mit
einzubeziehen, die Beeinträchtigung des Mitgebrauchs und die Gefahr
zusätzlicher Kostenbelastung.

ZUSTIMMUNG BEI BAULICHEN VERÄNDERUNGEN

Bauliche Veränderungen, durch die nicht die Rechte aller Wohnungseigentümer beeinträchtigt werden, bedürfen gemäß § 22 Abs. 1 WEG der Zustimmung nur derjenigen Wohnungseigentümer, die von der beabsichtigten Maßnahme in ihren Rechten betroffen werden. Insofern ist ein allstimmiger Beschluss (nur) aller betroffenen Wohnungseigentümer erforderlich.

Die schriftliche Beschlussfassung

Die Wohnungseigentümergemeinschaft hat gemäß § 23 Abs. 3 WEG die Möglichkeit, ihre Willensbildung auch außerhalb der Eigentümerversammlung vorzunehmen, und zwar im „Umlaufverfahren".

Rechtswirksam ist ein schriftlicher Beschluss, wenn alle Zustimmungserklärungen in schriftlicher Form durch eigenhändige Unterzeichnung dem Empfangsberechtigten (im Regelfall dem Verwalter) zugegangen sind. Die von § 23 Abs. 3 WEG geforderte Schriftform meint die gesetzliche Schriftform nach § 126 Abs. 1 BGB, sodass die Übersendung der mit der Originalunterschrift versehenen Zustimmungserklärung erforderlich ist. Ein Telefax reicht nicht.

 ALLSTIMMIGKEIT IN JEDEM FALL ERFORDERLICH

Bei der schriftlichen Beschlussfassung ist immer Allstimmigkeit erforderlich, selbst wenn die Angelegenheit in der Versammlung durch Mehrheitsbeschluss geregelt werden kann. Alle Eigentümer, selbst die, die bei einer Versammlung mit ihrem Stimmrecht ausgeschlossen wären, müssen zustimmen.

Nicht-Beschluss

Im Falle des „Nicht-Beschlusses" oder „Scheinbeschlusses" liegt ein Beschluss gar nicht vor. Dies kann der Fall sein, wenn das Verfahren der Beschlussfassung unter erheblichen Mängeln leidet. Einer Anfechtung bedarf es hier nicht, da der Nicht-Beschluss keinerlei rechtliche Wirkung erzeugt.

Ein Nicht-Beschluss liegt vor, wenn ein Beschluss außerhalb einer ordnungsge-mäßen Eigentümerversammlung gefasst wurde, z. B. im Rahmen einer bloßen Zusammenkunft aller Wohnungseigentümer oder nur zur Probe abgestimmt wurde.

Bestimmtheitsgrundsatz

Ein Beschluss muss inhaltlich hinreichend bestimmt sein. Ein unbestimm-ter Beschluss entspricht nicht ordnungsgemäßer Verwaltung. Lässt sich mangels Klarheit und Bestimmtheit auch durch Auslegung nicht der Sinn des Beschlusses ermitteln, so wird die Frage, ob ein solcher nichtig oder nur anfechtbar ist, von den Gerichten unterschiedlich beantwortet. Um Schwierigkeiten hierbei zu vermeiden, ist darauf zu achten, dass

- der Beschluss klar, bestimmt, vollständig und möglichst auslegungsfrei formuliert wird,

- der Beschlussgegenstand exakt erfasst wird,

- die Art und Weise der Ausführung genau bestimmt wird,

- ein Kostenrahmen und die Finanzierung festgelegt werden sowie

- gegebenenfalls eine Kostentragungsregelung enthalten ist.

Die Wohnungseigentümergemeinschaft beabsichtigt die Erneuerung einiger Wohnungseingangstüren. Die Wohnungseigentümergemeinschaft beschließt, die Türen durch neue Türen, die eine geringere Durchgangsbreite haben, zu er-setzen. Das genaue Maß der neuen Türen wird dabei nicht festgelegt. Da der Beschluss die neue Mindestdurchgangsbreite nicht erkennen lässt, ist er zu un-bestimmt und auf Anfechtung für ungültig zu erklären.

Rede- und Antragsrecht

Das Antrags- und Rederecht des Wohnungseigentümers oder dessen Vertreters gehören zum Inhalt seines auf dem Mitverwaltungsrecht beruhenden Teilnahmerechts.

In der Versammlung ist jeder Wohnungseigentümer berechtigt, einen Antrag zur Beschlussfassung zu stellen. Im Regelfall sollten die Wohnungseigentümer die Beschlussantragsformulierung aber dem Verwalter überlassen, da zumindest ein professioneller Verwalter Übung in der Abfassung von verständlichen und hinreichend bestimmten Beschlüssen haben sollte.

Durch ihr Rederecht können die Versammlungsteilnehmer Einfluss auf die Meinungsbildung nehmen. Jedem Teilnehmer muss es möglich sein, sich an der Diskussion und der Meinungsbildung zu beteiligen und die Argumente vorzutragen, die seiner Ansicht nach für oder gegen den Beschlussantrag sprechen. Auch Stimmrechtsvertreter und diejenigen Eigentümer, die mit ihrem Stimmrecht ausgeschlossen sind, haben das Antrags- und Rederecht. Letztere dürfen bei der Abstimmung allerdings nicht mitwirken.

Bei großen Wohnungseigentümergemeinschaften und vielen Wortmeldungen hat der Vorsitzende das Recht, die Redezeit des einzelnen Wohnungseigentümers zu beschränken, um eine zumutbare Dauer der Versammlung sicherzustellen.

Hält sich ein Versammlungsteilnehmer nicht an seine Redezeit, so kann ihm nach vorheriger Abmahnung das Wort entzogen werden.

Beschlussfeststellung und -verkündung

Ein Beschluss ist nicht bereits dann wirksam, wenn die Wohnungseigentümer über den Beschlussantrag abgestimmt haben, sondern erst, wenn der Versammlungsleiter das Beschlussergebnis in der Versammlung gegenüber den Wohnungseigentümern feststellt und bekannt gibt.

Für jeden Eigentümer soll bereits in der Versammlung klar erkennbar sein, ob und mit welchem Inhalt ein Beschluss zustande gekommen ist, der dann gegebenenfalls gerichtlich angefochten werden kann. Daher kommt es entscheidend darauf an, was der Verwalter als Ergebnis der Abstimmung feststellt, und nicht, wie die Abstimmung tatsächlich ausgefallen ist. Die konstitutive Wirkung der Feststellung und Verkündung des Beschlussergebnisses erfordert große Sorgfalt des Versammlungsleiters bei der Ermittlung des richtigen Abstimmungsergebnisses und des hieraus folgenden Beschlussergebnisses.

Ist die Feststellung und Verkündung des Beschlussergebnisses in der Eigentümerversammlung unterblieben oder wurde der Beschluss falsch verkündet, so können die Wohnungseigentümer die Verkündung des Beschlusses gerichtlich durchsetzen. Erforderlich ist dies jedoch nicht, wenn ein eindeutiges Abstimmungsergebnis protokolliert wurde, da in diesem Fall von einer schlüssigen Feststellung ausgegangen werden kann. Im Fall des Beschlussanfechtungsverfahrens bei Falschverkündung kann der Antrag auf Ungültigerklärung mit dem Antrag verbunden werden, dass wegen falscher Feststellung der Beschlussantrag als mehrheitlich angenommen gilt.

 ABSTIMMUNGSERGEBNIS VOLLSTÄNDIG DOKUMENTIEREN LASSEN

Um Fehler bei der Beschlussfeststellung zu vermeiden, ist es empfehlenswert, dass der Versammlungsleiter in jedem Fall das vollständige Abstimmungsergebnis dokumentiert, also die Ja-, Nein-Stimmen und die Enthaltungen entsprechend protokolliert. Besteht Unsicherheit darüber, ob der Beschluss tatsächlich wirksam zustande gekommen ist, sollten vorsorglich ebenfalls die Namen der einzelnen Wohnungseigentümer und ihr Abstimmungsverhalten festgehalten werden.

Wann Beschlüsse nichtig oder anfechtbar sind

Ein Beschluss, der gegen eine Rechtsvorschrift verstößt, auf deren Einhaltung rechtswirksam nicht verzichtet werden kann, ist nichtig. Im Übrigen ist ein Beschluss gültig, solange er nicht durch rechtskräftiges Urteil für ungültig erklärt worden ist.

Es ist zu unterscheiden zwischen den Beschlüssen, die von vornherein nichtig sind und keiner Anfechtung bedürfen, und Beschlüssen, die erst im Rahmen eines gerichtlichen Anfechtungsverfahrens durch rechtskräftiges Urteil für ungültig erklärt werden müssen.

Verstöße gegen gesetzliche Verbote umfassen Verbote des privaten (§ 134 BGB), des öffentlichen Rechts, des Strafrechts und insbesondere die unabdingbaren Vorschriften des Wohnungseigentumsgesetzes. Beschlüsse, die hiergegen verstoßen sind nichtig.

Mangelnde Beschlusskompetenz bei dauerhaft gesetzes- bzw. vereinbarungsändernden Beschlüssen führt zur Nichtigkeit der Beschlüsse.

 FEHLENDE BESCHLUSSKOMPETENZ

- Umwandlung von Gemeinschaftseigentum in Sondereigentum.

- Gebrauchsentzug von Gemeinschaftseigentum zulasten einzelner Wohnungseigentümer.

- Bestimmung, Stimmenthaltungen in bestimmter Weise zu werten, z. B. als Nein-Stimmen.

- Änderung der Beschlussfähigkeit.

Versammlungsniederschrift

Über die Wohnungseigentümerversammlung ist eine Niederschrift anzufertigen, jedoch ist die Protokollierung nicht für die Wirksamkeit der Beschlüsse erforderlich. Mangels anders lautender Regelung in der Gemeinschaftsordnung ist lediglich ein Ergebnisprotokoll zu erstellen, das heißt, der Verlauf oder etwa auch Wortbeiträge einzelner Wohnungseigentümer müssen nicht in das Protokoll aufgenommen werden.

Inhalt

Die Niederschrift dient der Information über Inhalt und Zustandekommen von Beschlüssen. Sie hat Beweisfunktion und ist daher möglichst sorgfältig zu erstellen. Hierbei wird dem Versammlungsleiter ein Ermessensspielraum eingeräumt, solange die Protokollierung den Grundsätzen ordnungsgemäßer Verwaltung entspricht.

Folgende Punkte sollen in der Niederschrift festgehalten werden:

- Bezeichnung der Wohnungseigentümergemeinschaft,

- Versammlungstag und -ort,

- Zeitpunkt der Eröffnung der Versammlung,

- Angabe des Versammlungsleiters,

- Feststellung der ordnungsgemäßen Einberufung der Versammlung und Beschlussfähigkeit,

- Bezeichnung des Tagesordnungspunkts,

- kurze Inhaltsangabe des Tagesordnungspunkts und zum Verständnis erforderliche Erläuterungen oder Diskussionsbeiträge,

- genaue Formulierung des Beschlussantrags,

- Feststellung des Abstimmungsergebnisses (Ja-, Nein-Stimmen, Enthaltungen),

- Beschlussfeststellung durch den Versammlungsleiter,

- Zeitpunkt der Schließung der Versammlung.

Form und Frist

Die Niederschrift ist vom Versammlungsleiter der Eigentümerversammlung, einem Wohnungseigentümer und – soweit ein Verwaltungsbeirat vorhanden ist – von dessen Vorsitzendem oder seinem Vertreter zu unterschreiben. Durch die Unterschrift der genannten Personen soll die inhaltliche Richtigkeit der Niederschrift bestätigt werden.

Fehlt die Unterschrift eines Wohnungseigentümers oder des Verwaltungsbeiratsvorsitzenden oder seines Stellvertreters, so kommt ein gefasster Beschluss dennoch zustande. Die Unterzeichnung der Niederschrift ist hierfür keine Wirksamkeitsvoraussetzung. Sie dient jedoch Beweiszwecken.

Eine gesetzlich geregelte Frist, binnen derer die Niederschrift anzufertigen ist, besteht nicht. In der Rechtsprechung hat sich jedoch die Ansicht durchgesetzt, dass die Niederschrift in angemessener Frist vor Ablauf der

Anfechtungsfrist von einem Monat, spätestens jedoch eine Woche vor deren Ablauf, vorzulegen ist.

Die Eigentümer haben jederzeit das Recht, die Niederschrift einzusehen. Dieses Recht kann auf Dritte – wie etwa Kaufinteressenten oder Mieter – übertragen werden und umfasst auch die Anfertigung von Abschriften. Erstellt der Verwalter Kopien der Niederschrift, so ist der Eigentümer zur Kostenerstattung verpflichtet.

Fehlerhafte Niederschrift

Wird die Versammlungsniederschrift nicht richtig oder unvollständig erstellt, so kann jeder Wohnungseigentümer einen Anspruch auf Berichtigung geltend machen, falls erforderlich auch einen Berichtigungsantrag beim Wohnungseigentumsgericht stellen. Der Berichtigungsanspruch kann nicht wegen unerheblicher sprachlicher Feinheiten geltend gemacht werden, sondern nur dann, wenn der Wohnungseigentümer durch den Inhalt der Niederschrift rechtswidrig beeinträchtigt wird oder falls eine von ihm abgegebene rechtsgeschäftlich erhebliche Willenserklärung falsch protokolliert wurde.

Beschluss-Sammlung

Der Verwalter ist verpflichtet, die sogenannte Beschluss-Sammlung zu führen. Sie dient der Information und der besseren Übersicht über die in einer Wohnungseigentümergemeinschaft gefassten Beschlüsse. Insbesondere Rechtsnachfolger können sich durch die Beschluss-Sammlung vor ihrem Eintritt in die Wohnungseigentümergemeinschaft über ihre Rechte und Pflichten informieren. Dies ist umso wichtiger bei Beschlüssen, die die Gemeinschaftsordnung abgeändert haben oder aufgrund einer Öffnungsklausel gefasst wurden und mangels der Verpflichtung zur Eintragung in das Grundbuch für den Rechtsnachfolger nicht offensichtlich sind (z. B. Änderung der Kostenverteilung oder Regelungen über Zahlungsverpflichtungen).

Gemäß § 24 Abs. 8 WEG hat der Verwalter die Aufgabe, die Beschluss-Sammlung zu führen. Existiert kein Verwalter, so hat der Vorsitzende der Eigentümerversammlung die Beschluss-Sammlung zu führen, oder aber die Wohnungseigentümer bestimmen hierzu eine Person durch Mehrheitsbeschluss.

Inhalt

In die Beschluss-Sammlung müssen eingetragen werden

- alle in Wohnungseigentümerversammlungen verkündeten Beschlüsse mit Angabe von Ort und Datum der Versammlung,

- alle schriftlichen Beschlüsse gemäß § 23 Abs. 3 WEG und

- alle Urteilsformeln wohnungseigentumsrechtlicher Entscheidungen gemäß § 43 WEG

Die Beschlüsse und gerichtlichen Entscheidungen sind fortlaufend einzutragen und zu nummerieren. Sind Beschlüsse angefochten oder aufgehoben worden, ist dies anzumerken. Im Falle einer Aufhebung kann jedoch von einer Anmerkung abgesehen und der Eintrag gelöscht werden. Dies kommt dann in Betracht, wenn ein Beschluss rechtskräftig für ungültig oder nichtig erklärt wurde. Ein Eintrag kann auch gelöscht werden, wenn er aus anderen Gründen für die Wohnungseigentümer keine Bedeutung mehr hat, beispielsweise dann, wenn sich die Angelegenheit wegen Zeitablaufs erledigt hat.

Die Verpflichtung zur Führung einer Beschluss-Sammlung begann erst mit Inkrafttreten des WEG-Reform-Gesetzes am 1.7.2007, dennoch empfiehlt es sich, auch in der Vergangenheit gefasste Beschlüsse in die Beschluss-Sammlung mit aufzunehmen. Hierzu kann sich die Wohnungseigentümergemeinschaft im Rahmen eines mit einfacher Mehrheit gefassten Beschlusses entschließen. Dem Verwalter kann für die Erfassung von Alt-Beschlüssen aufgrund des großen Zeitaufwands eine Aufwandsentschädigung zugebilligt werden.

Zeitpunkt und Form der Eintragung

Der Zeitpunkt, wann die Beschlüsse nach ihrer Entstehung in die Beschluss-Sammlung einzutragen sind, ist gesetzlich nicht geregelt. Die erforderlichen Eintragungen sollen vom Verwalter „unverzüglich" vorgenommen werden. Ob dies bedeutet, dass der Beschluss noch am Tag der Versammlung, am darauf folgenden Werktag oder spätestens mehrere Tage danach eingetragen werden muss, wird daher im konkreten Einzelfall zu beurteilen sein. Die Eintragung der gefassten Beschlüsse nach Ablauf einer Woche ist jedenfalls nicht mehr unverzüglich.

In der Beschluss-Sammlung müssen folgende Einträge enthalten sein:

- Die Beschlüsse oder gerichtlichen Entscheidungen sind fortlaufend zu nummerieren.

- Bei Beschlüssen ist der Beschlusswortlaut, die Angabe der Versammlung mit Art, Datum und die Angabe des Tagesordnungspunkts einzutragen. Nur die Bezeichnung des Tagesordnungspunktes reicht nicht aus. Handelt es sich um eine schriftliche Beschlussfassung, so ist dies mit Angabe des Zeitpunkts der Verkündung des Umlaufbeschlusses zu vermerken. Schließlich hat eine Eintragung zu erfolgen, ob der Beschluss angenommen oder abgelehnt, bestandskräftig, aufgehoben, gelöscht oder bedeutungslos ist.

- Im Falle einer gerichtlichen Entscheidung sind das Gericht, das Datum der Entscheidung, das Aktenzeichen, die Parteien und der Wortlaut des Urteils einzutragen.

- Es muss vermerkt werden, durch wen und zu welchem Zeitpunkt eine Eintragung vorgenommen wurde.

Einsichtsrecht

Jeder Wohnungseigentümer hat (wie bei der Versammlungsniederschrift) das Recht, die Beschluss-Sammlung einzusehen. Dieses Recht kann er auf Dritte wie z. B. Kaufinteressenten übertragen. Von der Beschluss-Sammlung darf der Wohnungseigentümer selbst Abschriften vornehmen oder Ablichtungen gegen Kostenerstattung vom Verwalter verlangen.

Teilrechtsfähigkeit, Verwaltungsvermögen und Haftung der Wohnungseigentümergemeinschaft

Was Teilrechtsfähigkeit bedeutet

Teilrechtsfähigkeit bedeutet die Fähigkeit, als Rechtssubjekt am Rechtsverkehr aktiv teilnehmen zu können, Träger von Rechten und Pflichten zu sein, im gerichtlichen Verfahren klagen und verklagt werden zu können.

§ 10 Abs. 6 WEG regelt die beschränkte Rechtsfähigkeit der Wohnungseigentümergemeinschaft und sieht vor, dass diese

- im Rahmen der gesamten Verwaltung des gemeinschaftlichen Eigentums gegenüber Dritten und Wohnungseigentümern selbst Rechte erwerben und Pflichten eingehen kann,

- Inhaberin der von der Gemeinschaft gesetzlich begründeten und rechtsgeschäftlich erworbenen Rechte und Pflichten ist,

- die gemeinschaftsbezogenen Rechte der Wohnungseigentümer ausübt bzw. die gemeinschaftsbezogenen Pflichten der Wohnungseigentümer wahrnimmt und

- sonstige Rechte und Pflichten der Wohnungseigentümer wahrnimmt, soweit diese gemeinschaftlich geltend gemacht werden können oder zu erfüllen sind.

Hiernach ist zwischen den folgenden Rechtssubjekten zu unterscheiden:

- der teilrechtsfähigen Wohnungseigentümergemeinschaft als Verband,

- der nichtrechtsfähigen Wohnungseigentümergemeinschaft als Teileigentümergemeinschaft nach Bruchteilen und

- dem Wohnungseigentümer als rechtsfähiger Einzelperson.

Tritt die Wohnungseigentümergemeinschaft als Verband auf, so muss sie die Bezeichnung „Wohnungseigentümergemeinschaft" gefolgt von der bestimmten Angabe des gemeinschaftlichen Grundstücks führen, z. B. Wohnungseigentümergemeinschaft Tannstr. 100, 80123 München.

Welche Rechte und Pflichten sich hieraus für die Wohnungseigentümergemeinschaft ergeben

Die Rechte und Pflichten der Wohnungseigentümergemeinschaft beziehen sich auf die gesamte Verwaltung des gemeinschaftlichen Eigentums, des Gebrauchs des gemeinschaftlichen Eigentums (§ 15 WEG) sowie auch auf die gemeinschaftliche Verwaltung im Zusammenhang mit Maßnahmen zur Entziehung des Wohnungseigentums (§ 18 WEG). Dies betrifft zum einen das Außenverhältnis der Gemeinschaft zu Dritten und zum anderen das Innenverhältnis zu den Wohnungseigentümern.

Mit Außenverhältnis sind diejenigen Rechtsverhältnisse gemeint, in denen die Wohnungseigentümergemeinschaft gegenüber Dritten auftritt. Hierzu zählen die von der Gemeinschaft gesetzlich begründeten und von ihr rechtsgeschäftlich erworbenen und eingegangenen Rechte und Pflichten. Vertragspartner sind nicht die einzelnen Wohnungseigentümer, sondern die Wohnungseigentümergemeinschaft als Verband. Dem Verwalter obliegt hierbei gemäß § 27 Abs. 3 WEG als Organ der Wohnungseigentümergemeinschaft deren Vertretung.

Angelegenheiten der Wohnungseigentümergemeinschaft als Verband im Außenverhältnis sind insbesondere

- der Verwaltervertrag,

- die Beauftragung von Handwerkern im Rahmen von Maßnahmen der Instandhaltung, Instandsetzung oder Modernisierung des Gemeinschaftseigentums,

- die Einholung von Kostenvoranschlägen für Sanierungsmaßnahmen,

- der Abschluss von Darlehensverträgen zur Kreditaufnahme,

- der Abschluss von Wartungs- oder Dienstleistungsverträgen,

- die Bestellung von Heizöl bzw. der Abschluss von Energielieferverträgen,

- die Vermietung von Gemeinschaftsflächen,

- der Abschluss eines Hausmeistervertrags,

- die Mängelansprüche aus Erwerbsverträgen mit Bauträgern, soweit sie grundsätzlich der Gemeinschaft zustehen,

- die individuellen Mängelansprüche der Wohnungseigentümer, die die teilrechtsfähige Wohnungseigentümergemeinschaft durch Mehrheitsbeschluss an sich gezogen hat,

- die Mängelrechte bzw. Schadensersatzansprüche, die aus Verträgen resultieren, welche die Wohnungseigentümergemeinschaft als Verband geschlossen hat, z. B. gegenüber dem Verwalter oder den Handwerkern,

- die Pflicht zur Verkehrssicherung des gemeinschaftlichen Eigentums, z. B. Räum- und Streupflicht und ausreichende Beleuchtung im Anwesen sowie

- nachbarrechtliche Verstöße.

Die teilrechtsfähige Gemeinschaft ist auch Inhaberin von Rechten und Pflichten im Innenverhältnis, also gegenüber einzelnen Mitgliedern der Wohnungseigentümergemeinschaft. Angelegenheiten der WEG als Verband im Innenverhältnis sind u.a.

- Ansprüche auf Zahlung anteiliger Lasten- und Kostenbeiträge (z. B. Hausgeld, Sonderumlagen, Beiträge zur Instandhaltungsrücklage, Nachzahlungen aus Jahresabrechnungen),

- die Rückforderung zu viel gezahlter Hausgeldbeiträge,

- Schadensersatzansprüche gegen den Verwalter,

- Schadensersatzansprüche gegen einzelne Eigentümer wegen Beschädigung gemeinschaftlichen Eigentums, z. B. im Rahmen baulicher Veränderungen eines einzelnen Eigentümers,

- die Klage auf Beseitigung baulicher Veränderungen nach Mehrheitsbeschluss sowie

- z. B. Regelungen zur Tierhaltung, zu Ruhezeiten, zur Hausordnung
  allgemein, zum Musizieren, zur Beschränkung der Zeiten der Nutzung
  der gemeinschaftlichen Wasch- und Trockenmaschinen.

Individualansprüche der Wohnungseigentümer

Neben den gemeinschaftsbezogenen Ansprüchen, die die Wohnungseigentümergemeinschaft nach entsprechender Mehrheitsbeschlussfassung geltend machen kann, gibt es die Individualansprüche der einzelnen Wohnungseigentümer. Ihre Geltendmachung unterliegt nicht der Beschlusskompetenz der Wohnungseigentümergemeinschaft.

Zu den Individualansprüchen der Wohnungseigentümer zählen

- Beschlussanfechtungen,

- Beseitigungs- und Unterlassungsansprüche, soweit sie nicht vorrangig
  der Gemeinschaft zustehen oder ihr durch Beschlussfassung übertragen wurden,

- Schadensersatzansprüche gegen Miteigentümer oder Dritte, z. B. wenn
  die Beeinträchtigung des gemeinschaftlichen Eigentums nur einen
  einzelnen Wohnungseigentümer schädigt,

- Ansprüche auf ordnungsmäßige Verwaltung,

- Schadensersatzansprüche eines Eigentümers gegen den Verwalter,
  z. B. bei zu Unrecht verweigerter Zustimmung zur Veräußerung des
  Sondereigentums.

Verwaltungsvermögen

Das Verwaltungsvermögen gehört der Gemeinschaft der Wohnungseigentümer. Es besteht aus den im Rahmen der gesamten Verwaltung des gemeinschaftlichen Eigentums gesetzlich begründeten und rechtsgeschäftlich

erworbenen Sachen und Rechten sowie den entstandenen Verbindlichkeiten. Zu dem Verwaltungsvermögen gehören insbesondere die Ansprüche und Befugnisse aus Rechtsverhältnissen mit Dritten und mit Wohnungseigentümern sowie die eingenommenen Gelder. Vereinigen sich sämtliche Wohnungseigentumsrechte in einer Person, geht das Verwaltungsvermögen auf den Eigentümer des Grundstücks über. Zum Verwaltungsvermögen zählen

- Gegenstände, wie z. B. Gartengeräte, Rasenmäher, Werkzeuge, Spielplatzgeräte, Schneeräummaschinen, Waschmaschinen und Trockner;

- Heizöl- und Gasvorräte;

- gemeinschaftliches Geldvermögen, z. B. Guthaben bei Kreditinstituten, Instandhaltungsrücklagen, Festgelder, Zinserträge;

- Einkünfte aus Vermietung des gemeinschaftlichen Eigentums;

- gemeinschaftliche Verwaltungsunterlagen;

- gemeinschaftliche Forderungen und Ansprüche gegenüber Dritten und gegenüber Wohnungseigentümern;

- gemeinschaftliche Verbindlichkeiten.

 SONDER- UND GEMEINSCHAFTSEIGENTUM

Das Sondereigentum und das Gemeinschaftseigentum gehören nicht zum Verwaltungsvermögen.

Bei einem Eigentümerwechsel verbleiben die Gegenstände, Forderungen, Ansprüche und Verbindlichkeiten des Verwaltungsvermögens bei der Gemeinschaft der Wohnungseigentümer. Der Bestand des Verwaltungsvermögens ist unabhängig vom jeweiligen Mitgliederbestand der Wohnungseigentümergemeinschaft, das heißt eine gesonderte Übertragung auf den Sonderrechtsnachfolger findet nicht statt.

Haftung

Jeder Wohnungseigentümer haftet einem Gläubiger nach dem Verhältnis
seines Miteigentumsanteils für Verbindlichkeiten der Gemeinschaft der
Wohnungseigentümer. Es ist jedoch zwischen der Haftung der Wohnungseigentümergemeinschaft als Verband und der einzelnen Eigentümer zu
unterscheiden.

Wann die Wohnungseigentümergemeinschaft haftet

Gläubiger können im Hinblick auf gemeinschaftsbezogene Forderungen
das Verwaltungsvermögen in Anspruch nehmen und gegebenenfalls ihre
Forderungen gegen die Wohnungseigentümergemeinschaft als solche gerichtlich geltend machen. Haftungsmasse ist hierbei nicht das Gemein-
schafts- oder Sondereigentum, sondern das Verwaltungsvermögen.

Wann der einzelne Wohnungseigentümer haftet

Die Gläubiger der Wohnungseigentümergemeinschaft können auch einzelne Wohnungseigentümer für die Verwaltungsschulden der Gemeinschaft
in Anspruch nehmen. Allerdings ist die Haftung des einzelnen Wohnungseigentümers der Höhe nach anteilig beschränkt auf seinen Miteigentumsanteil am Gemeinschaftseigentum. Die Berechnung des Umfangs der Haftung bestimmt sich stets nach der Höhe des Miteigentumsanteils, selbst
wenn innerhalb der Gemeinschaft ein abweichender Kostenverteilungsschlüssel vereinbart wurde.

Wurde ein einzelner Wohnungseigentümer von einem Gläubiger auf Zahlung anteilig in Höhe seines Miteigentumsanteils in Anspruch genommen,
so steht ihm im Innenverhältnis gegenüber der Wohnungseigentümergemeinschaft ein Ausgleichsanspruch zu, soweit er seiner Verpflichtung zur
Zahlung der fälligen Gelder (Hausgeld, Sonderumlage, Instandhaltungsrücklage usw.) nachgekommen ist. Ist die Wohnungseigentümergemeinschaft weiterhin zahlungsunfähig, so kann er die anderen Wohnungseigentümer bis zur Höhe ihres Miteigentumsanteils in Anspruch nehmen.

Den umgekehrten Fall regelt § 10 Abs. 8 S. 4 WEG. Der einzelne Wohnungseigentümer hat gegenüber der Wohnungseigentümergemeinschaft

die Mitwirkungspflicht zu einer ordnungsmäßigen Verwaltung. Verweigert beispielsweise ein Wohnungseigentümer schuldhaft seine Mitwirkung zur Beschlussfassung, mit der die Wohnungseigentümergemeinschaft wieder zahlungsfähig gemacht werden soll (wie etwa der Beschluss zu einer Sonderumlage), so macht er sich gegenüber der Wohnungseigentümergemeinschaft schadensersatzpflichtig. Der Umfang dieser Schadensersatzpflicht, also die Frage, ob auch diese auf die Höhe des Miteigentumsanteils beschränkt ist, ist zum jetzigen Zeitpunkt mangels klarer Regelung durch den Gesetzgeber noch nicht absehbar; die Beschränkung entspräche jedoch dem gesetzgeberischen Ziel der Haftungsbegrenzung einzelner Wohnungseigentümer. Es muss daher die Rechtsprechung zu diesem Problemkreis abgewartet werden. Fest steht jedenfalls, dass es sich bei diesem Schadensersatzanspruch gegen den einzelnen Wohnungseigentümer um einen Anspruch handelt, den ein Gläubiger im Rahmen einer Zwangsvollstreckung gegen die Wohnungseigentümergemeinschaft pfänden kann.

Haftung bei Eigentümerwechsel

Bei Austritt aus der Wohnungseigentümergemeinschaft ist die Haftung des ausscheidenden Wohnungseigentümers nicht sofort beendet. Er haftet weiterhin für die während des Zeitraums seiner Zugehörigkeit zur Gemeinschaft entstandenen oder fällig gewordenen Verbindlichkeiten.

RECHNUNG FÜR REPARATUR DER HEIZUNGSANLAGE

Die Wohnungseigentümergemeinschaft beauftragt die Firma Blitztank mit der Reparatur der Heizungsanlage am 2.7.2010. Am 31.7.2010 veräußert Wohnungseigentümer 1 seine Wohnung. Die Eintragung des Erwerbers erfolgt sogleich. Am 10.8.2010 findet die Abnahme der Heizungsanlage statt. Die Firma Blitztank übergibt am selben Tag die Rechnung. Zum Zeitpunkt der Entstehung der Verbindlichkeit war Wohnungseigentümer 1 noch Eigentümer, bei ihrer Fälligkeit ist er es jedoch nicht mehr.

Diese zum Schutz von Gläubigern der Wohnungseigentümergemeinschaft getroffene Regelung bewirkt, dass sich der Gläubiger in solch einem Fall mit seiner Forderung weiterhin an den Veräußerer, als auch an den Erwerber als Rechtsnachfolger halten kann. Veräußerer und Erwerber haften dabei gesamtschuldnerisch, jedoch kann der Veräußerer wiederum im Innenverhältnis den Erwerber gemäß § 426 Abs. 2 BGB auf Ausgleich in Anspruch nehmen. Auch hier gilt, dass der Gläubiger seine Forderung nur anteilig in Höhe des Miteigentumsanteils geltend machen kann.

Bei dieser zeitlich begrenzten „Nachhaftung" wird Bezug genommen auf § 160 des Handelsgesetzbuches (HGB). Die entsprechende Anwendung dieser Vorschrift hat zur Folge, dass der ausscheidende Wohnungseigentümer für die während des Zeitraums seiner Zugehörigkeit zur Gemeinschaft entstandenen Verbindlichkeiten weitere fünf Jahre nach seinem Ausscheiden anteilig in Höhe seines ehemaligen Miteigentumsanteils haftet. Voraussetzung hierfür ist, dass die Forderung binnen fünf Jahren nach seinem Austritt fällig und entsprechend tituliert wird oder nach § 160 Abs. 2 HGB schriftlich anerkannt wird. Nicht erfasst werden hiervon Verbindlichkeiten, die erst nach seinem Austritt aus der Wohnungseigentümergemeinschaft entstehen. Der maßgebliche Zeitpunkt ist die Eintragung des Erwerbers im Grundbuch.

 VERJÄHRUNG

Für die Haftung des Veräußerers bleibt stets auch die Verjährungsfrist des eigentlichen Anspruchs maßgeblich. Die Fünfjahresfrist der Nachhaftung führt nicht zur Verlängerung der Verjährungsfrist dieses Anspruchs.

 FORTSETZUNG

Der Anspruch der Firma Blitztank auf Zahlung des Werklohns gemäß §§ 631 Abs. 1, 641 Abs. 1 BGB wäre nach §§ 195, 199 BGB zum 31.12.2013 verjährt. Über diesen Zeitpunkt hinaus muss der ausscheidende Wohnungseigentümer nicht haften. Er kann die Zahlung verweigern.

Verwalter und Verwaltungsbeirat

Person des Verwalters

Jede natürliche Person, also jeder Mensch, kann Verwalter werden. Damit auch ein Wohnungseigentümer der betreffenden Wohnungseigentümergemeinschaft. Die Bestellung mehrerer Verwalter (z. B. ein Ehepaar) ist allerdings nicht zulässig. Auch ein Verwaltungsbeirat kann nicht gleichzeitig Verwalter sein.

Auch eine juristische Person wie z. B. eine GmbH kann zum Verwalter bestellt werden. Lediglich eine BGB-Gesellschaft kommt als Verwalter nicht in Betracht.

Wie der Verwalter bestellt wird

Nach § 20 Abs. 2 WEG kann die Bestellung eines Verwalters nicht ausgeschlossen werden. Auch bei einer Gemeinschaft von nur zwei Wohnungseigentümern kann also ein Wohnungseigentümer die Bestellung eines Verwalters durchsetzen. Kommt hierüber keine Einigung zustande, kann ein Antrag an das Gericht auf Bestellung eines Verwalters nach § 43 Abs. 1 Nr. 1 WEG gestellt werden. Dies ergibt sich daraus, dass jeder Eigentümer einen Anspruch auf ordnungsmäßige Verwaltung hat, worunter auch die Bestellung eines Verwalters fällt.

Fehlt ein Verwalter oder ist er zur Vertretung nicht berechtigt, so vertreten nach § 27 Abs. 3 Satz 2 WEG alle Wohnungseigentümer die Gemeinschaft. Die Wohnungseigentümer können in diesem Fall durch Beschluss mit Stimmenmehrheit einen oder mehrere Wohnungseigentümer zur Vertretung ermächtigen.

Erstbestellung

Die Erstbestellung des Verwalters erfolgt in der Regel in der Teilungserklärung bzw. in der Gemeinschaftsordnung. Hier hat die Reform des Wohnungseigentumsrechts eine wichtige Änderung gebracht. Nach § 26 Abs. 1
Satz 2 WEG darf die Bestellung im Falle der ersten Bestellung nach Begründung von Wohnungseigentum höchstens auf drei Jahre vorgenommen werden. Diese Regelung wurde eingeführt, da die Bauträger sich
selbst oder ihnen nahestehende Verwaltungsunternehmen in der Teilungserklärung zum Verwalter bestellen. Regelmäßig drohen dann Interessen-
konflikte bei der Durchsetzung von Gewährleistungsansprüchen wegen
Baumängeln. Baumängel verjähren nach § 634 a Abs. 1 Nr. 2 BGB in fünf
Jahren. Durch die Neuregelung soll verhindert werden, dass sich aufgrund
schleppender Durchsetzung der Gewährleistungsansprüche durch den
Erstverwalter der Bauträger auf die Verjährung dieser Ansprüche berufen
kann.

Bestellung durch Beschluss

Die Regel ist nach wie vor, dass der Verwalter durch Mehrheitsbeschluss
gemäß § 26 Abs. 1 WEG bestellt wird. Diese Bestellung darf auf höchstens
fünf Jahre vorgenommen werden. Nach § 26 Abs. 2 WEG ist die wieder-
holte Bestellung zulässig; sie bedarf eines erneuten Beschlusses der Wohnungseigentümer, der frühestens ein Jahr vor Ablauf der Bestellungszeit
gefasst werden kann.

 BESTELLUNG DES VERWALTERS

Wenn der Verwalter vom 1.4.2010 bis 31.3.2015 bestellt war, kann ein erneuter
Beschluss erst ab 31.3.2014 gefasst werden.

Strittig ist, ob Verlängerungsklauseln zulässig sind. Die überwiegende
Meinung bejaht dies für den Fall, dass die Grenze von fünf Jahren nicht
überschritten wird. Sind die fünf Jahre abgelaufen, kann sich der Verwalter auf die Verlängerungsklausel nicht berufen.

Der Beschluss wird mit einfacher Mehrheit gefasst. Erforderlich ist also
mehr als die Hälfte der abgegebenen gültigen Stimmen. Die Bestellung

zum Verwalter erfordert also immer die einfache Stimmenmehrheit der in der Versammlung anwesenden oder vertretenen Wohnungseigentümer; die relative Stimmenmehrheit genügt auch dann nicht, wenn die Wohnungseigentümer über mehrere Bewerber gleichzeitig abstimmen.

EINFACHE STIMMENMEHRHEIT

> Elf Stimmen, drei Bewerber. Ein Bewerber erhält fünf Stimmen, zwei Bewerber je drei Stimmen. Kein Bewerber ist gewählt.

Gemäß § 26 Abs. 2 WEG hat jeder Wohnungseigentümer eine Stimme (Kopfprinzip). Vom Kopfprinzip abweichende Stimmrechtsregelungen in der Teilungserklärung sind zulässig, so z. B. nach Höhe der Miteigentumsanteile oder nach Zahl der Wohnungen (Objektprinzip).

Ein Wohnungseigentümer ist auch stimmberechtigt, wenn er sich selbst zum Verwalter wählen lassen will; ebenso kann ein Verwalter mit den durch Vollmacht übertragenen Stimmrechten seine Wahl betreiben. Das Stimmenübergewicht für sich allein führt noch nicht zum Stimmrechtsmissbrauch.

Wird ein Verwalter neu bestellt, sollen Konkurrenzangebote eingeholt werden, damit die Eigentümer die Angebote und insbesondere auch die Höhe der Verwalterhonorare vergleichen können. Wenn solche Angebote eingeholt werden, haben alle Eigentümer ein Einsichtsrecht. Soll ein bereits bestellter Verwalter wieder gewählt werden, ist die Einholung von Konkurrenzangeboten nicht erforderlich.

Nachweis der Verwaltereigenschaft

Will der Verwalter ein Konto für die Gemeinschaft eröffnen oder muss er gemäß Teilungserklärung die Zustimmung zu einem Verkauf einer Wohnung erteilen, muss er nachweisen, dass er zum Verwalter bestellt worden ist. Hierfür genügt nach § 26 Abs. 3 WEG die Vorlage des Protokolls über den Bestellungsbeschluss mit den Unterschriften des Versammlungsleiters, eines Wohnungseigentümers sowie den Vorsitzenden des Verwaltungsbeirats. Diese Unterschriften müssen öffentlich beglaubigt sein. Die Beteiligten müssen also zum Notar gehen. Der Verwaltervertrag reicht zum Nachweis der Verwalterstellung nicht aus.

Verwaltervertrag

Abschluss

Die Juristen trennen die Bestellung des Verwalters vom Verwaltervertrag. In der Praxis erfolgt Bestellung des Verwalters und Abschluss des Verwaltervertrages zusammen. Es empfiehlt sich daher, dass bei der Wahl des Verwalters bereits ein ausgehandelter Verwaltervertrag vorliegt, über den die Eigentümer dann ebenfalls beschließen können.

Abschluss durch den Beirat

Es ist zweifelhaft, ob die allgemeine Übertragung des Abschlusses eines Verwaltervertrages auf den Verwaltungsbeirat, ohne dass diesem, abgesehen von der Laufzeit, Vorgaben zu den Eckpunkten des abzuschließenden Vertrages gemacht werden, ordnungsgemäßer Verwaltung entspricht (vgl. OLG Köln NZM 2002, 1002). Wird ein derartiger Beschluss nicht angefochten, so ist ein auf seiner Grundlage abgeschlossener Verwaltervertrag jedenfalls wirksam. Empfehlenswert ist es deshalb, dass entweder im Bestellungsbeschluss oder im Beschluss, in dem der Beirat zum Abschluss des Verwaltervertrages ermächtigt wird, mehr oder weniger detaillierte Vorgaben enthalten sind.

Die Ermächtigung bezieht sich aber immer nur zu einer ordnungsgemäßer Verwaltung entsprechenden Vertragsgestaltung. Deshalb widerspricht es den Grundsätzen ordnungsmäßiger Verwaltung, den Verwaltungsbeirat mit dem Abschluss eines Verwaltervertrages zu betrauen, dessen Regelwerk im erheblichen Umfang der Inhaltskontrolle nicht standhält. Ein Ermächtigungsbeschluss ist daher auf Anfechtung hin für ungültig zu erklären, wenn der beschlossene Verwaltervertrag diesen Grundsätzen widerspricht. Erfolgt keine Anfechtung, ist der Beschluss, wonach der Beirat entsprechend beauftragt und bevollmächtigt wird, wirksam.

Unproblematisch ist ein Beschluss dahingehend, den Beirat zu beauftragen, einen bereits schriftlich vorliegenden Verwaltervertrag mit dem Verwalter abzuschließen. Hier handelt der Beirat nicht selbstständig die Vertragsbedingungen aus.

Laufzeit

Die Laufzeit des Vertrages sollte mit der Dauer der Bestellung übereinstimmen. Zwingend ist dies nicht. Die Laufzeit darf allerdings nicht mehr als fünf Jahre betragen (§ 26 Abs. 1 Satz 2 WEG).

Im Regelfall ist die ordentliche Kündigung des Verwaltervertrages während der Laufzeit ausgeschlossen. Die Kündigungsmöglichkeit ist analog der Abberufung aus wichtigem Grund ebenfalls auf die fristlose Kündigung aus wichtigem Grund beschränkt.

Inhalt

Vertragsformulare der Verwalter unterliegen in der Regel den Bestimmungen über allgemeine Geschäftsbedingungen. Auf eine entsprechende Beschlussanfechtung hin prüft das Gericht den Verwaltervertrag daher auch inhaltlich. Unwirksam sind z. B. Formularklauseln, die dem Verwalter gestatten, mit sich selbst im Namen der Wohnungseigentümer Rechtsgeschäfte vorzunehmen; hier liegt ein Verstoß gegen das Selbstkontrahierungsverbot des § 181 BGB vor. Eine solche Klausel ist unangemessen und daher nichtig (OLG Düsseldorf NZM 2006, 936). Ebenso nichtig sind Klauseln, die die Regelverjährung für Ansprüche gegen den Verwalter von drei Jahren unterschreiten oder die den Beginn der Verjährungsfrist nicht an die Kenntnis des Gläubigers knüpfen, sondern mit dem Tag der Zuwiderhandlung beginnen lassen (vgl. OLG Düsseldorf, siehe oben). Nicht mit ordnungsmäßiger Verwaltung vereinbar ist die Festlegung eines Verwalterhonorars, das das vergleichbare übliche Honorar erheblich übersteigt oder eine Bestimmung im Verwaltervertrag, die den Verwalter berechtigt, jederzeit auf Kosten der Eigentümergemeinschaft Sonderfachleute zu beauftragen.

Vergütung

Die Verwaltervergütung ist in der Regel im Verwaltervertrag geregelt. Andernfalls hat der Verwalter den Anspruch auf die übliche Vergütung (vgl. § 612 Abs. 2 BGB). Als Anhaltspunkt können die Verwaltungskosten im sozialen Wohnungsbau nach den §§ 41 Abs. 2, 26 Abs. 2 der Zweiten Berechnungsverordnung dienen: Danach können jährlich für Eigentumswohnungen 315,90 Euro und für Garagen 33,23 Euro angesetzt werden.

Ansonsten richtet sich die Vergütung je nach Größe der Anlage, Anzahl der Einheiten, Alter (Renovierungsstau?) und Umfang der Leistungen des Verwalters. Die Preise bewegen sich in etwa zwischen 15 und 30 Euro pro Einheit im Monat zzgl. MwSt. Üblich ist die Trennung von Grundleistungen und Sondervergütungen.

In der Grundleistung sollte auch eine jährliche Objektbegehung inbegriffen sein.

Soweit auf den Verwalter neue Aufgaben zukommen (z. B. Führen der Beschluss-Sammlung), können die Wohnungseigentümer jederzeit nach § 21 Abs. 7 WEG eine Regelung für einen besonderen Verwaltungsaufwand mit Stimmenmehrheit beschließen. Sondervergütungen müssen sich der Höhe nach in angemessenem Rahmen halten und den voraussichtlichen zusätzlichen besonderen Zeit- und Arbeitsaufwand im Einzelfall berücksichtigen. Sondervergütungen dürfen nur Verwalterleistungen betreffen, die über die Wahrnehmung der gesetzlichen Aufgaben des Wohnungseigentumsverwalters hinausgehen, so z. B. die Erbringung von Architekten- bzw. Ingenieurleistungen, die Prüfung der Voraussetzungen für die Erteilung einer erforderlichen Veräußerungszustimmung und die Bearbeitung gerichtlicher Verfahren, die die Gemeinschaft betreffen.

Nicht im Verwaltervertrag vereinbart werden können Regelungen, die das Gemeinschaftsverhältnis der Wohnungseigentümer untereinander betreffen, z. B. Betretungsrecht des Sondereigentums durch den Verwalter ohne Anmeldung. Dies gilt auch für die Vereinbarung eines Sonderhonorars für Sonderleistungen des Verwalters gegenüber einzelnen Wohnungseigentümern. Solche Regelungen sind wegen der fehlenden Beschlusskompetenz nichtig.

Abberufung des Verwalters und Kündigung des Verwaltervertrages

Wie bei der Bestellung des Verwalters und dem Abschluss des Verwaltervertrages ist auch die Abberufung von der Kündigung des Vertrages rechtlich zu trennen. Nach § 26 Abs. 1 WEG beschließen die Wohnungseigentümer über die Abberufung des Verwalters mit Stimmenmehrheit. Soweit also in der Teilungserklärung/Gemeinschaftsordnung nichts anderes geregelt ist, ist eine Abberufung jederzeit möglich. Die Abberufung des Verwalters kann auf das Vorliegen eines wichtigen Grundes beschränkt werden. Eine solche Beschränkung ist in der Gemeinschaftsordnung im Regelfall enthalten. Andere Beschränkungen der Abberufung des Verwalters sind nicht zulässig.

Auch wenn die Abberufung des Verwalters aus wichtigem Grund und die außerordentliche Kündigung des Verwaltervertrages rechtlich zu trennen sind, so beinhaltet doch in der Regel die Abberufung des Verwalters aus wichtigem Grund zugleich die außerordentliche Kündigung des Verwaltervertrages. Der Verwalter verliert seine Organstellung mit dem Zugang der Abberufungserklärung. Aus Gründen der Rechtsklarheit empfiehlt es sich gleichwohl, zum einen einen Beschluss über die Abberufung aus wichtigem Grund und zum anderen einen Beschluss über die außerordentliche Kündigung aus wichtigem Grund zu fassen. Falls der Verwalter in der Versammlung nicht anwesend ist, müssen ihm diese Beschlüsse zugestellt werden.

Ein Verwalter, der zugleich Wohnungseigentümer ist, ist grundsätzlich bei der Beschlussfassung über die Abberufung stimmberechtigt. Keine Stimmberechtigung besteht jedoch für den Fall der Abberufung aus wichtigem Grund (BGH NZM 2002, 995). Gleiches gilt für die Kündigung. Bei der ordentlichen Kündigung ist der Verwalter/Eigentümer stimmberechtigt, bei der außerordentlichen Kündigung aus wichtigem Grund nicht.

Abberufung aus wichtigem Grund

Ein wichtiger Grund zur vorzeitigen Abberufung liegt vor, wenn den Wohnungseigentümern unter Berücksichtigung aller, nicht notwendig vom Verwalter verschuldeter Umstände nach Treu und Glauben eine Fortsetzung der Zusammenarbeit mit dem Verwalter nicht mehr zugemutet werden kann und deshalb das Vertrauensverhältnis zerstört ist. Ein wichtiger Grund liegt regelmäßig vor, wenn der Verwalter die Beschluss-Sammlung nicht ordnungsmäßig führt (§ 26 Abs. 1 Satz 4 WEG). Durch die Einführung dieses Regelbeispiels soll sichergestellt werden, dass eine fehlerhafte oder unvollständige Beschluss-Sammlung oder die nicht unverzügliche Aufnahme gefasster Beschlüsse in die Beschluss-Sammlung das Vorliegen eines wichtigen Grundes beinhaltet. Ein wichtiger Grund kann vorliegen, wenn der Verwalter die ihm nach § 28 Abs. 3 WEG obliegende Abrechnung nach Ablauf eines Kalenderjahres über die Maßen verzögert. Der Anspruch der Wohnungseigentümer auf Aufstellung und Vorlage der Abrechnung wird mangels gesetzlicher Regelung nach Ablauf einer angemessenen Frist fällig, die in der Regel drei bis höchstens sechs Monate nach Ablauf des Wirtschaftsjahres beträgt.

Ein wichtiger Grund kann auch vorliegen, wenn der Verwalter die ihm obliegenden Aufgaben nicht oder nur unzulänglich erfüllt, insbesondere auch Beschlüsse der Gemeinschaft nicht ausführt. Besonders streng zu bewerten ist ein Fehlverhalten des vom Bauträger eingesetzten Verwalters.

Auch die Verurteilung wegen eines Vermögens- oder Eigentumsdelikts spricht grundsätzlich gegen die Bestellung eines Verwalters und rechtfertigt seine Abberufung, auch wenn die Tat sich nicht gegen die Wohnungseigentümer gerichtet hatte. Ein wichtiger Grund zur vorzeitigen Abberufung des Verwalters ist auch dann gegeben, wenn der Verwalter der Wohnungseigentümergemeinschaft verschweigt, dass er für den Abschluss der erforderlichen Versicherungsverträge für die Gemeinschaft von der Versicherungsgesellschaft Provisionen in erheblichem Umfang erhalten hat.

Ein wichtiger Grund zur vorzeitigen Abberufung des Verwalters kann auch gegeben sein, wenn er sich weigert, einem Einberufungsverlangen der Wohnungseigentümer nach § 24 Abs. 2 WEG Folge zu leisten.

Auch die Nichteinberufung einer Versammlung über einen längeren Zeitraum (eineinhalb bis zwei Jahre) kann einen wichtigen Grund darstellen.

Trotz der ausgedehnten Rechtsprechung kommt es immer auf die Umstände des Einzelfalls an. Zu beachten ist, dass die Wohnungseigentümer, die sich auf das Vorliegen eines wichtigen Grundes berufen, hierfür auch die

Beweislast haben. Nicht jede Unhöflichkeit des Verwalters oder z. B. die verzögerte Beantwortung von Schreiben der Eigentümer stellen einen wichtigen Grund dar.

Mehrheitsbeschluss, gerichtliche Durchsetzung, Anfechtung

Die Abberufung erfolgt, wie soeben ausgeführt, durch Mehrheitsbeschluss. Weigert sich der Verwalter, den Antrag auf Abberufung als Tagesordnungspunkt in die Einladung zur Wohnungseigentümerversammlung aufzunehmen, können die Wohnungseigentümer unter den Voraussetzungen des § 24 Abs. 2 WEG eine außerordentliche Versammlung mit diesem Tagesordnungspunkt durchsetzen. Hierbei ist erforderlich, dass schriftlich von mehr als einem Viertel der Wohnungseigentümer unter Angabe der Gründe die Einberufung einer solchen außerordentlichen Versammlung verlangt wird. Weigert sich der Verwalter pflichtwidrig, die Versammlung der Wohnungseigentümer einzuberufen, so kann die Versammlung auch, falls ein Verwaltungsbeirat bestellt ist, von dessen Vorsitzenden oder seinem Vertreter einberufen werden (§ 24 Abs. 3 WEG).

Lehnen die Wohnungseigentümer den Beschlussantrag auf Abberufung und Kündigung aus wichtigem Grund ab, können die überstimmten Wohnungseigentümer den Beschluss anfechten und darüber hinaus einen Verpflichtungsantrag dahin stellen, dass die übrigen Wohnungseigentümer der Abberufung zustimmen. Erfolg wird ein solcher Antrag allerdings nur haben, wenn tatsächlich ein wichtiger Grund besteht.

Haben die Wohnungseigentümer einen Mehrheitsbeschluss über die Abwahl des Verwalters gefasst, ist auch der Verwalter zur Anfechtung dieses Beschlusses berechtigt.

Aufgaben und Befugnisse des Verwalters

Der Verwalter vertritt die Wohnungseigentümergemeinschaft, die in bestimmten Umfang am Rechtsleben teilnehmen kann (Teilrechtsfähigkeit, vgl. dazu Seite 105 ff.). Daneben vertritt der Verwalter auch die einzelnen Eigentümer in den Bereichen, die der Gestaltung des Verbands der Wohnungseigentümer entzogen sind. Der Verwalter hat also eine Doppelstellung: Er hat Aufgaben sowohl nach innen, also gegenüber den einzelnen Eigentümern und dem Verband der Wohnungseigentümer, als auch nach außen, gegenüber Dritten.

Diese Aufgaben und Befugnisse des Verwalters in seiner Doppelstellung sind in § 27 WEG im Einzelnen geregelt.

Innenverhältnis

Nach § 27 Abs. 1 Nr. 1 WEG ist der Verwalter gegenüber den Wohnungseigentümern und gegenüber der Gemeinschaft der Wohnungseigentümer berechtigt und verpflichtet, Beschlüsse der Wohnungseigentümer durchzuführen und für die Durchführung der Hausordnung Sorge zu tragen. Grundsätzlich gilt dies auch für anfechtbare Beschlüsse. Hierauf hat der Verwalter allerdings hinzuweisen. Der Verwalter ist auch berechtigt, die Gültigkeit eines solchen Beschlusses nach § 43 Nr. 3 WEG gerichtlich klären zu lassen.

Nichtige Beschlüsse darf der Verwalter nicht durchführen. Die Abgrenzung ist im Einzelnen nicht immer einfach. In Zweifelsfällen wird das Gericht anzurufen sein. Das Gericht prüft im Beschlussanfechtungsverfahren auch die Nichtigkeit.

Hinsichtlich der Durchführung der Hausordnung hat der Hausverwalter keine Überwachungspflicht, wohl aber eine Organisationspflicht. Bei Verstößen gegen die Hausordnung hat er die geeigneten Maßnahmen als Tagesordnungspunkte in die Einladung zur nächsten Versammlung aufzunehmen.

Nach § 27 Abs. 1 Nr. 2 WEG hat der Verwalter die für die ordnungsmäßige Instandhaltung und Instandsetzung des gemeinschaftlichen Eigentums erforderlichen Maßnahmen zu treffen. Nach ständiger Rechtsprechung beschränkt sich die Verpflichtung des Verwalters bezüglich der Instandhaltung und Instandsetzung gemeinschaftlichen Eigentums darauf, die Wohnungseigentümer über die notwendigen Maßnahmen zu unterrichten und eine Entscheidung über das weitere Vorgehen herbeizuführen. Hat die Gemeinschaft einen entsprechenden Beschluss gefasst, ist der Verwalter verpflichtet, unverzüglich für die Durchführung der beschlossenen Maßnahmen zu sorgen. Kommt er dieser Verpflichtung nicht nach und erleidet ein Wohnungseigentümer dadurch einen Schaden, so kann ein Ersatzanspruch gegen den Verwalter wegen Verletzung des Verwaltervertrages gegeben sein (BayObLG NZM 2000, 501: Schimmelbefall aufgrund unterlassenen Vollwärmeschutzes an der Außenfassade, Mietminderung des Mieters des betroffenen Eigentümers).

Zur Ermittlung von Mängeln und Schäden ist der Verwalter grundsätzlich verpflichtet, das gemeinschaftliche Eigentum regelmäßig dahin zu überprüfen, ob Maßnahmen der Instandsetzung und Instandhaltung notwendig sind. Der Verwalter ist hierbei nicht verpflichtet, die erforderlichen Kontrollen in eigener Person durchzuführen. Ob mit der Überprüfung im Rahmen eines Wartungsvertrages ein Fachunternehmen beauftragt werden soll, haben die Wohnungseigentümer zu entscheiden.

Der Verwalter hat eine Informationspflicht dahin, die Wohnungseigentümer bei Baumängeln über den Ablauf von Gewährleistungsfristen zu unterrichten. Ferner ist der Verwalter verpflichtet, eine Entscheidung der Wohnungseigentümer darüber herbeizuführen, ob und welche Maßnahmen im Hinblick auf den drohenden Ablauf der Gewährleistung hinsichtlich der Baumängel zu ergreifen sind.

Bei größeren Instandsetzungsvorhaben ist der Verwalter regelmäßig verpflichtet, Konkurrenzangebote einzuholen.

Soweit keine besondere Eilbedürftigkeit vorliegt, ist der Verwalter nicht berechtigt, außergewöhnliche Aufträge größeren Umfangs ohne Beschluss zu vergeben. Aus praktischen Gründen empfiehlt es sich aber, den Verwalter durch Beschluss zu berechtigen, Aufträge bis zu einem bestimmten Betrag (z. B. 2.500 Euro) ohne jede Zustimmung zu vergeben.

Nach § 27 Abs. 1 Nr. 3 WEG hat der Verwalter in dringenden Fällen sonstige zur Erhaltung des gemeinschaftlichen Eigentums erforderliche Maßnahmen zu treffen. Ein dringender Fall liegt vor, wenn die Eilbedürftigkeit die vorherige Einberufung einer Wohnungseigentümerversammlung und somit eine entsprechende Beschlussfassung nicht zulässt. Entscheidend ist, ob die Erhaltung des gemeinschaftlichen Eigentums gefährdet wäre, wenn der Verwalter nicht umgehend handelt. Hierbei ist auch die Größe der Eigentümergemeinschaft zu berücksichtigen. Liegen diese Voraussetzungen vor, hat der Verwalter eine Verpflichtung zum Handeln.

Insbesondere bei Kleingemeinschaften ist der Verwalter gut beraten, in Zweifelsfällen eine Eigentümerversammlung einzuberufen.

Nach § 27 Abs. 1 Nr. 4 WEG hat der Verwalter das Recht und die Pflicht, Lasten- und Kostenbeiträge, Tilgungsbeträge und Hypothekenzinsen anzufordern, in Empfang zu nehmen und abzuführen, soweit es sich um gemeinschaftliche Angelegenheiten der Wohnungseigentümer handelt. Die Vertretungsmacht des Verwalters ist in § 27 Abs. 3 Nr. 4 WEG geregelt. Der Verwalter hat insbesondere das nach dem Wirtschaftsplan zu zahlende Wohngeld anzufordern. Eine Ermächtigung zur gerichtlichen Geltendmachung ergibt sich aus dieser Bestimmung nicht. Hierfür bedarf es nach § 27 Abs. 2 Nr. 3 WEG einer Vereinbarung oder eines Beschlusses der Wohnungseigentümer.

Der Verwalter ist nach § 27 Abs. 1 Nr. 5 WEG berechtigt und verpflichtet, alle Zahlungen und Leistungen zu bewirken und entgegenzunehmen, die mit der laufenden Verwaltung des gemeinschaftlichen Eigentums zusammenhängen. Darunter fallen die Kosten für Versicherungen, für Heizung und Warmwasser, Hausmeistergehälter oder die Begleichung von Reparaturrechnungen. Zur Kreditaufnahme ist der Verwalter nicht berechtigt.

Zur Entgegennahme von Leistungen gehört auch die Abnahme von Werkvertragsleistungen nach § 640 BGB sowie etwaige Mängelrügen oder Fristsetzungen nach § 634 BGB bei Bauleistungen für das Gemeinschaftseigentum, nicht aber die Wandelung nach den §§ 462, 634 BGB.

Gemäß § 27 Abs. 1 Nr. 6 WEG ist der Verwalter berechtigt und verpflichtet, eingenommene Gelder zu verwalten. Hierbei handelt es sich um die Wohngeldzahlungen der Wohnungseigentümer, aber auch z. B. Mietzahlungen aus der Vermietung von Gemeinschaftseigentum. Nach § 27 Abs. 5 WEG ist der Verwalter verpflichtet, eingenommene Gelder von seinem Vermögen gesondert zu halten. Die Verfügung über solche Gelder kann durch Vereinbarung oder Beschluss der Wohnungseigentümer mit Stimmenmehrheit von der Zustimmung eines Wohnungseigentümers oder eines Dritten abhängig gemacht werden.

Aufgrund der Teilrechtsfähigkeit der Gemeinschaft (vgl. dazu Seite 105 ff.) kann das Konto auf den Namen der Gemeinschaft geführt werden, also z. B. „Wohnungseigentümergemeinschaft X-Str. 12, 80331 München". Kontoinhaberin ist die teilrechtsfähige Wohnungseigentümergemeinschaft.

Durch die Reform des Wohnungseigentumsrechts wurde eingeführt, dass der Verwalter die Wohnungseigentümer unverzüglich darüber zu unterrichten hat, dass ein Rechtsstreit nach § 43 WEG anhängig ist. Dies ist etwa der Fall, wenn ein Eigentümer einen Beschluss vor Gericht anficht. Die übrigen Eigentümer können sich dann überlegen, ob und wie sie sich am Prozess beteiligen.

Vertretung der Wohnungseigentümer und der Gemeinschaft

Der Verwalter vertritt sowohl die einzelnen Eigentümer als auch die Gemeinschaft der Wohnungseigentümer nach außen. Der Umfang dieser Vertretungsmacht ist in § 27 Abs. 2 und 3 WEG geregelt. Die Regelung ist allerdings nicht abschließend (vgl. unten).

Aufgabe des Verwalters ist es,

- Zustellungen und Willenserklärungen entgegenzunehmen;

- alle Maßnahmen zu treffen, die zur Wahrung einer Frist oder zur Abwendung eines sonstigen Rechtsnachteils erforderlich sind, z. B. wenn ein Eigentümer Beschlüsse anficht und das Gericht Fristen zur Erwiderung setzt;

- Willenserklärungen abzugeben;

- Zahlungen und Leistungen zu bewirken und entgegenzunehmen, die mit der laufenden Verwaltung des gemeinschaftlichen Eigentums zusammenhängen;

- im Rahmen der Verwaltung der eingenommenen Gelder Konten zu führen. Hierzu gehört auch das Eröffnen und Schließen eines Kontos;

- soweit der Verwalter durch Vereinbarung oder durch Beschluss mit Stimmenmehrheit der Wohnungseigentümer ermächtigt ist, Ansprüche auch gerichtlich und außergerichtlich geltend zu machen. Dies gibt dem Verwalter auch das Recht, einen Rechtsanwalt zu beauftragen. Nach § 27 Abs. 2 Nr. 4 WEG ist der Verwalter berechtigt, in bestimmtem Umfang Gebührenvereinbarungen mit einem Rechtsanwalt zu treffen.

GEBÜHRENVEREINBARUNG MIT RECHTSANWALT

Ein Eigentümer ficht einen Sanierungsbeschluss (Kosten 100.000 Euro) an. Sanierungskosten für diesen Eigentümer: 5.000 Euro. Die Gemeinschaft hat 100 Eigentümer. Der Streitwert beträgt nach § 49 a Gerichtskostengesetz 5.000 Euro, auch für den Rechtsanwalt, der die übrigen, die Sanierungsmaßnahmen bejahenden Miteigentümer vertritt, obwohl deren Interesse an der gerichtlichen Entscheidung 100.000 Euro entspricht. In solchen Fällen kann der Verwalter mit dem Rechtsanwalt für die übrigen Wohnungseigentümer eine Vergütung vereinbaren. Die Höhe der vereinbarten Vergütung ist begrenzt auf 50 Prozent des Wertes des Interesses aller Beteiligten, im Beispielsfall also auf 50.000 Euro.

 REGELUNG IM VERWALTERVERTRAG TREFFEN

Um spätere Auseinandersetzungen darüber zu vermeiden, ob die Beauftragung eines Rechtsanwalts wirklich erforderlich war, sollte hierfür eine Regelung im Verwaltervertrag getroffen werden oder, bei kleineren Gemeinschaften, im Einzelfall auch ein Beschluss gefasst werden.

■ die laufenden Maßnahmen der erforderlichen ordnungsmäßigen Instandhaltung und Instandsetzung zu treffen. Danach ist der Verwalter z. B. berechtigt, Werkverträge mit Unternehmern zu schließen. Diese Vertretungsmacht ist aber auf die erforderlichen Maßnahmen beschränkt. Auch hier ist darauf abzustellen, dass der Verwalter nur die geeigneten Maßnahmen zu treffen hat. Aufträge zur Beseitigung von größeren Schäden oder Baumängeln ohne Beschlussfassung der Gemeinschaft kann der Verwalter auch in Zukunft nur in Fällen besonderer Dringlichkeit erteilen. Auch hier empfiehlt es sich, im Verwaltervertrag festzulegen, bis zu welchem Betrag der Verwalter berechtigt ist, Instandhaltungs- und Instandsetzungsaufträge ohne Beschluss zu vergeben.

Ebenso wenig wird der Verwalter langfristige Wartungsverträge ohne spezielle Vollmacht oder entsprechenden Beschluss der Wohnungseigentümer oder einen langfristigen Hausmeistervertrag abschließen dürfen.

■ in dringenden Fällen sonstige zur Erhaltung des gemeinschaftlichen Eigentums erforderliche Maßnahmen zu treffen (z. B. Wasserrohrbruch).

Weitere Aufgaben und Befugnisse des Verwalters

Nach § 27 Abs. 4 WEG können die dem Verwalter nach den Abs. 1 bis 3 zustehenden Aufgaben und Befugnisse nicht durch Vereinbarung der Wohnungseigentümer eingeschränkt oder ausgeschlossen werden. Bestimmungen in einer Teilungserklärung bzw. einer Gemeinschaftsordnung, die davon abweichen, sind unwirksam. Dies gilt z. B. für eine Bestimmung in der Gemeinschaftsordnung, wonach der Verwalter nicht berechtigt ist, mit einem Rechtsanwalt einen höheren Streitwert innerhalb der Grenzen des § 27 Abs. 2 Nr. 4 WEG zu vereinbaren.

Der Verwalter hat eingenommene Gelder von seinem Vermögen gesondert zu halten (§ 27 Abs. 5 WEG).

Der Verwalter kann von den Wohnungseigentümern die Ausstellung einer Vollmachts- und Ermächtigungsurkunde verlangen, aus der der Umfang seiner Vertretungsmacht ersichtlich ist (§ 27 Abs. 6 WEG).

Eine weitere wichtige Verpflichtung des Verwalters enthält § 24 Abs. 8 WEG. Danach hat der Verwalter die Beschluss-Sammlung zu führen. Die Verletzung dieser Verpflichtung durch den Verwalter stellt nach § 26 Abs. 1 Satz 4 WEG einen wichtigen Grund zur Abberufung dar.

Im Wohnungseigentumsgesetz sind weitere Befugnisse und Aufgaben des Verwalters geregelt. So hat der Verwalter nach § 24 Abs. 1 WEG die Versammlung der Wohnungseigentümer einzuberufen. Er führt dort den Vorsitz, soweit diese nichts anderes beschließt. Nach § 24 Abs. 6 WEG hat der Verwalter, soweit er Versammlungsvorsitzender ist, eine Niederschrift der Versammlung anzufertigen. Darüber hinaus hat der Verwalter, so er Versammlungsleiter ist, das Beschlussergebnis festzustellen und zu verkünden. Wegen der Einzelheiten vgl. Seite 77 ff..

Des Weiteren hat der Verwalter den Wirtschaftsplan und die Jahresabrechnung aufzustellen und die Rechnungslegung vorzunehmen (§ 28 WEG); vgl. Seite 61 ff.

Aus der Teilungserklärung/Gemeinschaftsordnung können sich weitere Aufgaben und Befugnisse des Verwalters ergeben, so z. B. die Zustimmungserklärung bei Veräußerung von Wohnungs- oder Teileigentum zu erteilen.

Auch aus dem Verwaltervertrag können sich weitere Aufgaben und Pflichten des Verwalters ergeben. So können im Verwaltervertrag Fristen zur Vorlage des Wirtschaftsplans und der Jahresabrechnung vereinbart werden. Darüber hinaus kann der Verwalter im Vertrag weitere kaufmännische oder technische Aufgaben übernehmen (Bauleitung usw.).

Weitere Pflichten ergeben sich aus dem Auftragsrecht des BGB. So hat der Verwalter sämtliche Unterlagen der Wohnungseigentümer aufzubewahren. Nach § 147 Abgabenordnung sind Aufzeichnungen, Jahresabschlüsse, Inventare, Kontounterlagen und Buchungsbelege zehn Jahre aufzubewahren. Schriftverkehr und sonstige Verwaltungsunterlagen sind sechs Jahre aufzubewahren. Unbefristet aufzubewahren sind die Teilungserklärung, die Gemeinschaftsordnung, die Abgeschlossenheitsbescheinigung, die Aufteilungspläne, Niederschriften über die Beschlüsse und die Beschluss-Sammlung.

Auskunftspflicht des Verwalters, Einsichtsrecht der Eigentümer

Der Verwalter ist auch zur Auskunft verpflichtet. Grundsätzlich haben die Wohnungseigentümer einen gemeinschaftlichen Anspruch auf Auskunft, insbesondere über die Einzelheiten der Abrechnung. Einzelne Eigentümer haben dann einen Anspruch auf Auskunft gegenüber dem Verwalter, wenn es sich um Angelegenheiten handelt, an deren Aufklärung der einzelne Eigentümer ein aktuelles berechtigtes Interesse hat.

Daneben besteht noch ein Einsichtsrecht in alle Verwaltungsunterlagen einschließlich der Abrechnungsunterlagen. Das Einsichtsrecht besteht auch noch nach dem Beschluss über die Genehmigung der Jahresabrechnung und über die Entlastung des Verwalters. Der einzelne Wohnungseigentümer hat auch einen Anspruch auf Anfertigung von Fotokopien gegen Kostenerstattung. Nach § 24 Abs. 7 Satz 8 WEG ist einem Wohnungseigentümer oder einem Dritten, den ein Wohnungseigentümer ermächtigt hat, auf Verlangen Einsicht in die Beschluss-Sammlung zu geben. Auch hier wird der Eigentümer das Recht haben, gegen Entgelt Kopien zu machen. Ein besonderes rechtliches Interesse muss der Eigentümer nicht nachweisen. Ein Anspruch auf Aushändigung von Originalunterlagen besteht dagegen nicht.

Die Verweigerung der Einsichtnahme durch den Verwalter kann einen wichtigen Grund zur Abberufung darstellen.

Herausgabe der Unterlagen

Bei Beendigung der Verwaltertätigkeit hat der Verwalter alle Verwaltungsunterlagen herauszugeben (§§ 675, 666, 667 BGB). Der ausgeschiedene „Bauträger-Verwalter" muss die Bauunterlagen herausgeben, die er als Bauträger im Besitz hat, soweit sie die Errichtung der Wohnanlage betreffen und für die Gewährleistungs- und sonstige Ansprüche gegenüber den am Bau Beteiligten von Bedeutung sind. Die Herausgabepflicht beschränkt sich nicht nur auf die Unterlagen, sondern auch auf Gelder und Guthaben auf Gemeinschaftskonten, Sparbücher und Wertpapiere, Geräte, Schlüssel usw.

 NAMENS- UND ANSCHRIFTENLISTE DER MITEIGENTÜMER

Jeder Eigentümer kann vom Verwalter eine Namens- und Anschriftenliste der Miteigentümer verlangen. Der Verwalter kann sich hierbei nicht auf den Datenschutz berufen.

Der Anspruch auf Herausgabe der Unterlagen usw. steht der Gemeinschaft zu. Sie kann den neuen Verwalter durch Beschluss ermächtigen, den Anspruch gerichtlich geltend zu machen, gegebenenfalls für die wichtigsten Unterlagen zur Fortführung der Verwaltung im Wege der einstweiligen Verfügung (Vorlage von einzelnen, genau bezeichneten Fotokopien).

Haftung des Verwalters

Die Haftung des Verwalters kann sich gegenüber der Gemeinschaft, einzelnen Wohnungseigentümern oder Dritten ergeben.

Schadensersatzanspruch der Eigentümer

Verletzt der Verwalter seine Pflicht aus dem Verwaltervertrag, können die Wohnungseigentümer Ersatz des hierdurch entstehenden Schadens verlangen (§ 280 Abs. 1 BGB). Dies gilt nicht, wenn der Verwalter die Pflichtverletzung nicht verschuldet hat. Der hauptberufliche Verwalter nimmt für sich besondere Sachkunde in Anspruch. Dies ist bei der Verantwortlichkeit des Schuldners nach § 276 BGB zu berücksichtigen (BGH NJW 1996, 1216).

Wie ausgeführt, ist der Verwalter nicht verpflichtet, von Fällen der Dringlichkeit abgesehen, selbst Instandhaltungs- und Instandsetzungsmaßnahmen in Auftrag zu geben. Er hat jedoch die Mängel festzustellen, die Wohnungseigentümer darüber zu unterrichten und eine Entscheidung herbeizuführen. Kommt er diesen Verpflichtungen nicht oder nur unzureichend nach, so haftet er, und zwar auch gegenüber einem einzelnen Wohnungseigentümer, der durch die verzögerte Umsetzung der Maßnahmen einen Mietausfall erlitten hat. Ein Mitverschulden des Verwalters ist schon dann zu bejahen, wenn beim Vorliegen von Baumängeln den Wohnungseigentümern zwar der drohende Ablauf der Verjährung bekannt ist, der Verwalter es aber schuldhaft unterlässt, eine Entscheidung der Wohnungseigentümer über das weitere Vorgehen herbeizuführen. Hier kommt eine Haftung auf Schadensersatz wegen positiver Vertragsverletzung des Verwalters in Betracht.

Führt der Verwalter selbst Instandsetzungsmaßnahmen ohne Beschluss der Eigentümer durch, so haftet er für die Mehrkosten gegenüber der an sich notwendigen Maßnahmen. Informativ hierzu ist ein vom OLG Celle entschiedener Fall: Gemäß Verwaltervertrag war der Verwalter berechtigt, in Notfällen Verträge bis zu 8.000 DM ohne vorherige Zustimmung der Eigentümer einzugehen. Der Verwalter hat ohne Beschluss der Eigentümer eine Firma mit der Planung und Ausschreibung von Sanierungsarbeiten an der Fassade beauftragt und hierfür 30.000 DM aus dem Gemeinschaftsvermögen vergütet. Die Wohnungseigentümer haben einen Sachverständigen beauftragt und auf der Grundlage seines Konzepts eine andere Art der Sanierung durchgeführt. Hier haftet der Verwalter den Wohnungseigentümern für die vergeblich aufgewendeten Kosten (OLG Celle NZM 2002, 169).

 VERWALTER HAFTET BEI UNTERLASSENER MANGELRÜGE

Eine Haftung des Verwalters kommt infrage, wenn er trotz mangelhafter Werkleistung die Rechnung der beauftragten Firma bezahlt, ohne Mängelrüge zu erheben oder ein Zurückbehaltungsrecht geltend zu machen.

Haben die Wohnungseigentümer den Verwalter entlastet, so beschränkt sich die Entlastung auf das Verwalterhandeln, das in der Abrechnung seinen Niederschlag gefunden hat. Insoweit bestehen keine Haftungsansprüche. Die Entlastung des Verwalters erfasst dabei nur solche Vorgänge, die bei der Beschlussfassung darüber bekannt oder bei zumutbarer Sorgfalt für die Wohnungseigentümer erkennbar waren; abzustellen ist dabei auf den Kenntnisstand aller Wohnungseigentümer.

Ein Anspruch des Verwalters auf Entlastung besteht grundsätzlich nicht, soweit nicht durch Vereinbarung (Gemeinschaftsordnung) oder im Verwaltervertrag ein solcher Anspruch vereinbart ist. Ein Eigentümerbeschluss, mit dem einem Verwalter Entlastung erteilt wird, steht nicht grundsätzlich im Widerspruch zu einer ordnungsmäßigen Verwaltung, sondern erst dann, wenn Ansprüche gegen den Verwalter erkennbar in Betracht kommen und nicht aus besonderen Gründen Anlass besteht, auf die hiernach möglichen Ansprüche zu verzichten.

Ein Verwalter, der gleichzeitig Wohnungseigentümer ist, hat kein Stimmrecht bei dem Beschluss über die Entlastung.

Der Verwalter kann sich bei der Ausübung seiner Verwaltertätigkeit dritter Personen bedienen. Die gesamte Verwaltungstätigkeit kann er nicht auf Dritte übertragen. Für diese Personen haftet er gemäß § 278 BGB (Erfüllungsgehilfen).

Haftungsbeschränkungen

Haftungsbeschränkungen sind im Verwaltervertrag grundsätzlich möglich. Dabei wird es sich in der Regel um Allgemeine Geschäftsbedingungen handeln. § 309 Nr. 7 BGB (Haftungsausschluss bei Verletzung von Leben, Körper, Gesundheit und bei grobem Verschulden) ist daher zu beachten. Darüber hinaus widerspricht es regelmäßig den Grundsätzen ordnungsmäßiger Verwaltung, Haftungsbeschränkungsklauseln zugunsten des Verwalters zu beschließen (z. B. zeitliche Beschränkung der Haftung auf zwei Jahre nach Beendigung der Verwaltungstätigkeit).

Verkehrssicherungspflicht

Die Gefahr der Haftung besteht bei Verletzung der Verkehrssicherungspflicht. Anspruchsgrundlage ist hier eine Haftung aus unerlaubter Handlung gemäß §§ 823 ff. BGB. Grundsätzlich liegt die Verkehrssicherungspflicht bei den Eigentümern. Aufgrund seiner Organstellung ist der Verwalter den Wohnungseigentümern gegenüber verantwortlich für die Einhaltung der Verkehrssicherungspflicht. Dies gilt auch gegenüber Dritten.

 VERKEHRSSICHERUNGSPFLICHT

Hat der Verwalter mit der Räum- und Streupflicht einen Hausmeisterdienst beauftragt, so hat er diesen zu beaufsichtigen. Gefahrenträchtig sind auch Kinderspielplätze. Spielgeräte usw. sind regelmäßig zu überprüfen. Dies kann dazu führen, dass drohende Gefahrenherde zu beseitigen sind, z. B. Dornenhecke an einem Kinderspielplatz. Auch die Beleuchtung der Zuwege oder der Kelleräume ist regelmäßig zu überwachen.

Verwaltungsbeirat

Nach § 20 Abs. 1 WEG obliegt die Verwaltung des gemeinschaftlichen Eigentums den Wohnungseigentümern nach Maßgabe der §§ 21 bis 25 WEG und dem Verwalter nach Maßgabe der §§ 26 bis 28 WEG, im Falle der Bestellung eines Verwaltungsbeirats auch diesem nach Maßgabe des § 29 WEG. Der Beirat ist also ein Organ der Wohnungseigentümergemeinschaft.

Bestellung

Nach § 29 Abs. 1 WEG können die Wohnungseigentümer durch Stimmenmehrheit die Bestellung eines Verwaltungsbeirats beschließen. Die Vorschrift ist abdingbar. Durch Vereinbarung in der Teilungserklärung kann z. B. die Bestellung eines Verwaltungsbeirats auf Dauer ausgeschlossen sein. Enthält die Teilungserklärung/Gemeinschaftsordnung hingegen eine Bestimmung, dass ein Verwaltungsbeirat zu bestellen ist, hat jeder Wohnungseigentümer einen Anspruch auf die Bestellung des Beirats nach § 21 Abs. 4 WEG. Ist in der Teilungserklärung nichts geregelt, steht es im Belieben der Wohnungseigentümergemeinschaft, einen Beirat zu bestellen. Eine Verpflichtung besteht dann jedoch nicht.

Gemäß § 29 Abs. 1 S. 1 WEG beschließen die Wohnungseigentümer die Bestellung eines Verwaltungsbeirats durch Stimmenmehrheit. Umstritten ist, ob die Beiratsmitglieder durch Einzelbeschluss zu bestellen sind oder ob Blockwahl genügt. Da die Rechtsprechung nicht einheitlich ist, empfiehlt sich die Einzelwahl.

Eine Bestellzeit ist im Gesetz nicht bestimmt. Es empfiehlt sich daher, im Beschluss die Bestellung auf eine bestimmte Zeit zu begrenzen. Andernfalls bleibt der Beirat so lange im Amt, solange keine Neuwahl erfolgt. In einer solchen Neuwahl wird die Abberufung des bisherigen Beirats zu sehen sein. Ist eine Dauer nicht vereinbart, kann der Beirat durch Mehrheitsbeschluss jederzeit abberufen werden.

Mit dem Ausscheiden aus der Wohnungseigentümergemeinschaft endet auch die Beiratsstellung.

Zusammensetzung des Beirats

Nach § 29 Abs. 1 WEG besteht der Beirat aus einem Wohnungseigentümer als Vorsitzenden und zwei weiteren Wohnungseigentümern als Beisitzern. Da nach § 24 Abs. 3 WEG der Vorsitzende des Beirats oder sein Vertreter unter bestimmten Voraussetzungen eine Eigentümergemeinschaft einberufen kann, empfiehlt es sich, einen Vertreter des Vorsitzenden zu bestimmen.

Sowohl von der Bestimmung, dass die Mitglieder des Beirats Wohnungseigentümer sein müssen, als auch von der zahlenmäßigen Zusammenset-

zung kann durch Vereinbarung in der Teilungserklärung/ Gemeinschaftsordnung abgewichen werden.

Werden Nichtmitglieder zum Beirat gewählt oder wird ein Beirat mit mehr
oder weniger als drei Mitgliedern gewählt, ist der Beschluss auf Anfechtung hin wegen Verstoßes gegen § 29 Abs. 1 Satz 2 WEG für ungültig zu
erklären (BGH NZM 2010,325). Wird der Beschluss hingegen nicht angefochten, so dürfte er wirksam sein. Ein Nichtigkeitsgrund liegt nicht vor.

Scheidet ein Beiratsmitglied aus, ist die Gemeinschaft zur Nachwahl verpflichtet.

Die Wahl eines Wohnungseigentümers zum Beirat kann dann mit Aussicht
auf Erfolg angefochten werden, wenn schwerwiegende Gründe gegen die
Person sprechen und zu befürchten ist, dass sie ihr Amt zum Nachteil der
übrigen Miteigentümer missbrauchen wird.

Der Vorsitzende des Beirats kann bereits durch die Wohnungseigentümerversammlung gewählt werden. Es aber auch möglich, dass der Beirat den
Vorsitzenden anschließend wählt.

Nach § 29 Abs. 4 WEG wird der Verwaltungsbeirat vom Vorsitzenden
nach Bedarf einberufen.

Aufgaben und Befugnisse

Der Beirat unterstützt den Verwalter bei Durchführung seiner Aufgaben
(vgl. § 29 Abs. 2 WEG). Der Verwaltungsbeirat kann also die Aufgaben
und Befugnisse des Verwalters nicht selbst ausüben. Er ist nur unterstüt-
zend tätig. Dies gilt insbesondere für die Einhaltung der Hausordnung, der
Vorbereitung der Tagesordnung für die Eigentümerversammlung und die
Abstimmung über Reparatur- und Modernisierungsarbeiten. Zur Kontrolle
der laufenden Verwaltungstätigkeit ist der Beirat nicht verpflichtet. Ist eine vertrauensvolle Zusammenarbeit zwischen Verwalter und Beirat nicht
mehr möglich, kann darin ein wichtiger Grund für die fristlose Kündigung
des Verwaltervertrages und die Abberufung des Verwalters liegen. Hierbei
ist zu prüfen, wer die Zerstörung der Vertrauensbasis verursacht und verschuldet hat. War dies nicht der Verwalter, sondern der Beirat, so ist den
Wohnungseigentümern in der Regel die Fortsetzung des Vertragsverhält-
nisses bis zu einer ordentlichen Beendigung zumutbar.

Nach § 29 Abs. 3 WEG sollen der Wirtschaftsplan, die Abrechnung über den Wirtschaftsplan, Rechnungslegung und Kostenanschläge, bevor sie die Wohnungseigentümerversammlung beschließt, vom Verwaltungsbeirat geprüft und mit dessen Stellungnahme versehen werden. Die Stellungnahme des Beirats kann mündlich oder schriftlich noch in der Versammlung abgegeben werden. Zur Ausübung dieses Prüfungsrechts ist der Verwalter zu entsprechenden Auskünften verpflichtet. Er hat insbesondere auch Einsicht in die Unterlagen zu gewähren. Ein gerichtlich durchsetzbarer Anspruch gegenüber dem Beirat auf Erstellung eines Prüfberichts besteht nicht. In diesem Fall empfiehlt es sich, den Beirat abzuwählen.

Darüber hinaus hat der Vorsitzende des Beirats oder sein Vertreter die Niederschrift über die Wohnungseigentümerversammlung zu unterschreiben (§ 24 Abs. 6 WEG).

Die Aufgaben und Befugnisse des Beirats können sowohl erweitert als auch beschränkt werden, allerdings nur durch Vereinbarung, üblicherweise in der Teilungserklärung/Gemeinschaftsordnung. Zu beachten ist jedoch, dass dem Beirat keine Aufgaben übertragen werden können, die zwingend dem Verwalter zugeordnet sind (§ 27 Abs. 4 WEG). Durch Vereinbarung, nicht aber durch Mehrheitsbeschluss, können Befugnisse der Gemeinschaft auf den Beirat übertragen werden. Auch dies findet seine Grenze dort, wo diese Befugnisse zwingend den Wohnungseigentümern zustehen. So kann beispielsweise die Genehmigung der Jahresabrechnung nicht durch Mehrheitsbeschluss dem Verwaltungsbeirat übertragen werden, ebenso wenig die Bestellung oder Abberufung des Verwalters.

Haftung des Beirats

Bei der Tätigkeit des Verwaltungsbeirats besteht durchaus die Gefahr der Haftung. Zwischen Wohnungseigentümern und Beirat besteht ein Auftragsverhältnis im Sinne des § 662 BGB. Verletzt der Beirat seine Verpflichtungen schuldhaft, haftet er für den dadurch verursachten Schaden. Haftungsmaßstab ist die im Geschäftsverkehr erforderliche Sorgfalt. Werden Wohnungseigentümer aufgrund ihrer beruflichen Tätigkeit (Architekt, Steuerberater oder Rechtsanwalt) bestellt, so ist der entsprechende berufsübliche Haftungsmaßstab zugrunde zu legen.

Bei der Übernahme von Zusatzaufgaben (z. B. die Überwachung größerer Modernisierungsarbeiten) sollte der Beirat darauf bestehen, dass auf Kosten der Wohnungseigentümergemeinschaft eine Vermögensschadenshaftpflichtversicherung abgeschlossen wird.

Ebenso wenig wie der Verwalter hat auch der Verwaltungsbeirat einen Anspruch auf Entlastung. Ein Mitglied, das sich für den Beirat bewirbt, sollte daher darauf achten, dass im Bestellungsbeschluss mitbeschlossen wird, dass der Beirat einen Anspruch auf Entlastung hat, sofern die Voraussetzungen hierfür gegeben sind.

Bei Abstimmung über seine Entlastung ist der Beirat nicht stimmberechtigt, auch nicht mit ihm erteilten Vollmachten.

Ein Entlastungsbeschluss entspricht nicht ordnungsmäßiger Verwaltung, wenn Haftungsansprüche gegen die Mitglieder des Beirats im Zusammenhang mit der Prüfung von Jahresabrechnungen/Wirtschaftsplan möglich erscheinen. Dies ist z. B. der Fall, wenn der Verwaltungsbeirat bei der Prüfung der Jahresabrechnung auf die Kontrolle der Kontenbelege verzichtet.

Die Beiratsmitglieder sind ehrenamtlich tätig. Nach § 670 BGB besteht ein Anspruch auf Aufwendungsersatz. Hierüber sollte bereits bei Bestellung des Beirats eine Regelung getroffen werden.

Die vermietete Eigentumswohnung

Wohnungseigentümer, die ihre Wohnung selbst nutzen, haben „nur" die Vorschriften des WEG sowie die zwischen den Wohnungseigentümern getroffenen Vereinbarungen (z. B. der Teilungserklärung oder Gemeinschaftsordnung) zu beachten. Wohnungseigentümer, die ihre Wohnung vermieten, müssen zusätzlich die Vorschriften des Mietrechts einschließlich der zugehörigen Rechtsprechung beachten.

Probleme bereitet in der Praxis vor allem der Umstand, dass die beiden Rechtsgebiete – WEG und Mietrecht – nicht aufeinander abgestimmt und von unterschiedlichen Rechtsgedanken geprägt sind. Während der Gesetzgeber beim Wohnungseigentumsgesetz davon ausgeht, dass sich die Beteiligten „auf gleicher Augenhöhe" begegnen, sind das Mietrecht und seine Rechtsprechung zunehmend vom Gedanken des Mieterschutzes geprägt. Gesetzgeber und Gerichte unterstellen hier, der Mieter sei immer der sozial Schwächere.

Notwendige Anpassungen von mietvertraglichen Vereinbarungen (z. B. über die Tierhaltung) an geänderte Verhältnisse in der Wohnungseigentumsanlage stoßen daher in der Praxis oftmals auf erhebliche Schwierigkeiten. Regelungen zu Problemen, die sich für den Wohnungseigentümer aufgrund des Mietverhältnisses mit anderen Wohnungseigentümern in der Anlage ergeben, sind in den mietrechtlichen Bestimmungen nicht enthalten. Die Lösung wird – wie so oft – den Gerichten überlassen.

Daran hat auch die am 1.9.2001 in Kraft getretene Mietrechtsreform nichts geändert, mit der ein „modernes" Mietrecht geschaffen werden sollte. Offensichtlich ging der Gesetzgeber auch noch im Jahr 2001 vom althergebrachten Bild des klassischen Mietshauses aus, dessen Mieter alle denselben Vermieter haben, der in seinem Haus schalten und walten kann, ohne auf andere Eigentümer bzw. irgendwelche Beschlüsse Rücksicht nehmen zu müssen.

BEISPIEL **WIDERSPRÜCHLICHE REGELUNGEN IN MIETRECHT UND WEG**

§ 536 a Abs. 2 BGB bestimmt, dass der Mieter einen Mangel der Mietsache selbst beseitigen und vom Vermieter Ersatz der erforderlichen Aufwendungen verlangen kann, wenn der Vermieter mit der Mangelbeseitigung in Verzug ist. In einer Wohnungseigentumsanlage ist aber der Mieter (ebenso wie der Vermieter) zur Selbstbeseitigung gar nicht berechtigt, wenn der Mangel nicht im Bereich des Sondereigentums, sondern des Gemeinschaftseigentums liegt (z. B. Erneuern von alten, blind gewordenen Isolierglasscheiben, Behebung der Undichtigkeit von Außenfenstern) und das Einverständnis der Eigentümergemeinschaft nicht vorliegt.

Die Realität sieht inzwischen völlig anders aus: Mietshäuser werden praktisch keine mehr gebaut. Ihr Bestand ist sogar rückläufig, da sie häufig in Eigentumswohnungen umgewandelt und diese dann an eine Vielzahl von Eigentümern verkauft werden. Auch im Neubaubereich werden fast ausschließlich Wohnungseigentumsanlagen erstellt, in denen nur selten ein Eigentümer mehrere Wohnungen erwirbt. Der Mieter einer solchen Wohnung hat daher in der Regel einen anderen Vermieter als seine Wohnungsnachbarn.

Der Vermieter einer Eigentumswohnung ist somit in der Regel mit mehreren Rechtsverhältnissen konfrontiert: einerseits zu seinem Mieter, andererseits zu den anderen Wohnungseigentümern bzw. der Hausverwaltung und nicht zuletzt zu den Mietern der anderen Wohnungseigentümer, nach dem auch diese „sein" Gemeinschaftseigentum (z. B. Lift, Treppenhaus) benutzen, für das er mitbezahlen muss. Diese komplexe Situation wirft in der Praxis zahlreiche Rechts- und Streitfragen auf, mit denen sich – aufgrund fehlender Regelungen sowie der zunehmenden Zahl vermieteter Eigentumswohnungen – immer häufiger auch die Gerichte beschäftigen müssen. Im Folgenden wird aufgezeigt, welche Sachverhalte in der Praxis am häufigsten zu Problemen führen, welche Rechtsfolgen sich daraus ergeben und wie solche Probleme gelöst oder vermieden werden können.

Gestaltung des Mietvertrages

Die Rechte und Pflichten von Wohnungseigentümern gegenüber der Gemeinschaft bestimmen sich insbesondere nach dem Wohnungseigentumsgesetz, der Teilungserklärung/Gemeinschaftsordnung sowie aus den Beschlüssen der Eigentümergemeinschaft. Die Rechte und Pflichten von Mietern gegenüber dem Vermieter richten sich dagegen nach den mietrechtlichen Vorschriften sowie den vertraglichen Vereinbarungen im Mietvertrag und in der Hausordnung.

Probleme treten in der Praxis insbesondere dann auf, wenn der Wohnungseigentümer bei Abschluss des Mietvertrages nicht darauf geachtet hat, die Rechte seines Mieters durch entsprechende Gestaltung des Mietvertrages auf den Umfang seiner Rechte gegenüber der Eigentümergemeinschaft zu beschränken. Das heißt, der Eigentümer erlaubt seinem Mieter unter Umständen mehr als er selbst darf.

WIDERSPRÜCHLICHE REGELUNGEN

- In der Wohnanlage ist durch Vereinbarung der Wohnungseigentümer bzw. durch nicht angefochtenen Mehrheitsbeschluss die Haltung von Hunden verboten. Einem Eigentümer, der die Wohnung erst erworben hat, ist dieser Beschluss, der auch aus dem Grundbuch nicht ersichtlich ist, nicht bekannt. Er erlaubt dem Mieter die Haltung eines Hundes.

- Dem Mieter mit ausländischer Staatsangehörigkeit wird zum Empfang von Heimatsendern die Montage einer Parabolantenne erlaubt, obwohl die Eigentümergemeinschaft das Anbringen von zusätzlichen Antennen durch Beschluss untersagt hat. Gleiches gilt z. B. auch für die Musikausübung in der Wohnung oder die Nutzung von Freiflächen (z. B. zum Abstellen von Fahrzeugen).

- Dem Mieter wird eine Wohnung als Büro oder – umgekehrt – das in der Teilungserklärung als „Büro" bezeichnete Teileigentum als Wohnung oder als Arztpraxis vermietet (vgl. OLG München, Urteil vom 27.4.2005, Az. 3 U 4087/04; BayObLG ZWE 2000, 122).

In diesen Fällen können die anderen Wohnungseigentümer sowohl gegen den Eigentümer/Vermieter als auch gegen den (störenden) Mieter vorgehen.

Vom Vermieter können die Wohnungseigentümer Unterlassung der vertragswidrigen Nutzung verlangen und gegebenenfalls vor dem Wohnungseigentumsgericht auf Unterlassung klagen. Aus der Entscheidung kann zwar grundsätzlich durch Festsetzung eines Ordnungsgeldes vollstreckt werden, wenn der Eigentümer der Entscheidung nicht nachkommt (§ 890 ZPO). Nachdem der Eigentümer jedoch trotz des Unterlassungsanspruchs der Eigentümergemeinschaft nicht zur Kündigung des Mietverhältnisses berechtigt ist (BGH NJW 1996, 714) und die Verhängung des Ordnungsgeldes ein schuldhaftes Verhalten des Eigentümers voraussetzt, das wiederum nicht gegeben ist, wenn der Eigentümer alles getan hat, um den Mieter zur Unterlassung bzw. zu Räumung zu veranlassen, geht ein Vorgehen gegen den Eigentümer häufig ins Leere. Ferner hat das wohnungseigentumsrechtliche Verfahren gegen den Vermieter für das Verfahren vor dem Zivilgericht gegen den Mieter keinerlei Bindungswirkung.

Zulässig und effektiver ist es daher, den (störenden) Mieter selbst auf Unterlassung vor dem zuständigen Zivilgericht in Anspruch zu nehmen (vgl. § 1004 BGB). Allerdings kann der Mieter dann gegenüber seinem Vermieter die Zahlung der Miete verweigern, das Mietverhältnis wegen Vorliegens eines Rechtsmangels und dementsprechend wegen Nichtgewährens des vertragsgemäßen Gebrauchs fristlos kündigen (§ 543 Abs. 2 Nr. 1 BGB) und vom Vermieter Schadenersatz wegen Nichterfüllung, das heißt Ersatz des Kündigungsfolgeschadens, verlangen. Dies gilt für den Fall, dass z. B. ein anderer Wohnungseigentümer den Mieter unter Androhung gerichtlicher Schritte auffordert, die mietvertraglich vereinbarte Nutzung der Wohnung zu bestimmten Zwecken wegen Verstoßes gegen die Teilungserklärung zu unterlassen (so OLG Düsseldorf, Urteil vom 8.7.1998, Az. 10 U 159/97; BGH, Beschluss vom 24.1.2001, Az. XII ZR 213/98, ZMR 2001, 344).

GRÜNDLICHE INFORMATION IM VORFELD

Vor Abschluss des Mietvertrages sollte sich der Wohnungseigentümer umfassend über die zulässige Nutzung des Sondereigentums sowie über die Beschlüsse der Eigentümergemeinschaft informieren. Bei Ausgestaltung des Mietvertrages ist darauf zu achten, durch entsprechende Vereinbarungen einen „Gleichlauf" herzustellen zwischen den Rechten und Pflichten des Vermieters gegenüber der Eigentümergemeinschaft und den Rechten und Pflichten gegenüber dem künftigen Mieter.

Dementsprechend sollte im Mietvertrag zum Ausdruck kommen, dass die Benutzung des Gemeinschaftseigentums durch den Mieter auf die dem Vermieter zustehenden Rechte beschränkt ist.

Ferner sollte der Mietvertrag eine Klausel enthalten, wonach die Bestimmungen der Gemeinschaftsordnung und die Beschlüsse der Wohnungseigentümer wesentlicher Bestandteil des Mietvertrages sind. Zur Sicherstellung der Einbeziehung sollten entsprechende Abschriften als Anlage fest mit dem Mietvertrag verbunden werden.

Außerdem sollte der Mietvertrag auch eine Regelung für den Fall vorsehen, dass sich die Rechtslage in der Eigentümergemeinschaft aufgrund von Beschlüssen ändert. Diese können häufig auch mehrheitlich, das heißt auch gegen die Stimme des betroffenen Wohnungseigentümers bzw. dessen Mieters erfolgen. Die Änderungen haben zunächst grundsätzlich keine Auswirkung auf das bestehende Mietverhältnis; das heißt, Beschränkungen der Eigentümerrechte (z. B. Tierhaltung) in der Anlage bewirken nicht gleichzeitig eine entsprechende Beschränkung der Mieterrechte.

Daher kann der Mieter trotz Beschlusses der Eigentümergemeinschaft, z. B. auf dem ihm vertraglich eingeräumten Recht zur Tierhaltung oder zu baulichen Änderungen (Montage einer Parabolantenne, Anbringen einer Markise) bestehen. Für den Fall, dass ihn die Eigentümergemeinschaft auf Unterlassung in Anspruch nimmt, kann er bei seinem Vermieter Mietminderung geltend machen oder Schadenersatz verlangen.

Diese unerwünschten Folgen können durch einen mietvertraglichen Änderungsvorbehalt ausgeschlossen werden. Wirksam ist ein Änderungsvorbehalt, wenn er in Formularform (z. B. vorgedruckt) erfolgt, allerdings nur dann, wenn die Änderung für den Mieter unter Abwägung der beiderseitigen Interessen zumutbar ist (§ 308 Nr. 4 BGB). Dies ist dann der Fall, wenn lediglich bereits bestehende Verpflichtungen des Mieters konkretisiert werden (z. B. Festlegung bestimmter Ruhezeiten im Haus), nicht aber bei Begründung neuer Pflichten des Mieters (z. B. zur Treppenreinigung). Gleiches gilt für die Beschränkung wesentlicher Mieterrechte (z. B. zur Tierhaltung). Solche Rechte können nicht durch einen Änderungsvorbehalt in Formularform, sondern nur durch einen individuell vereinbarten wieder beseitigt werden.

 ÄNDERUNGSVORBEHALT IN MIETVERTRAG AUFNEHMEN

Werden dem Mieter im Mietvertrag ausdrücklich Rechte eingeräumt (z. B. zur Haltung bestimmter Tiere, Anbringen von Blumenkästen am Balkon, Montage einer Markise oder Parabolantenne, Benutzung von Freiflächen zum Abstellen von Fahrzeugen oder Fahrrädern u. Ä.) sollte gleichzeitig auch ein klarer und individuell formulierter, das heißt auf die eingeräumten Rechte Bezug nehmender Änderungsvorbehalt aufgenommen werden. Danach sind diese Rechte im Falle eines widersprechenden bzw. entgegenstehenden oder einschränkenden Beschlusses der Eigentümergemeinschaft widerruflich.

Jahresabrechnung über Wohngeld und Betriebskosten

Die Wohnungseigentümer sind verpflichtet, die im Wirtschaftsplan festgelegten Wohngeldvorschüsse zu leisten (§ 28 Abs. 2 WEG). Über die Vorschüsse muss der Verwalter jährlich abrechnen (§ 28 Abs. 3 WEG). Der jeweilige Wohnungseigentümer muss dann gegenüber seinem Mieter über die von diesem geleisteten Betriebskostenvorauszahlungen abrechnen.

Wegen der unterschiedlichen Kostenpositionen beim Wohngeld einerseits und bei den Betriebskosten andererseits sowie der unterschiedlichen Abrechnungsgrundsätze im Wohnungseigentumsrecht und Mietrecht ergeben sich in der Praxis folgende Problemkreise:

■ Differenzen bei den umlegbaren Kosten;

■ unterschiedliche Abrechnungsarten (Abflussprinzip/Leistungsprinzip);

■ verschiedenartige Abrechnungszeiträume und -fristen;

■ unterschiedliche Abrechnungsmaßstäbe (Verteilerschlüssel).

 NUR BETRIEBSKOSTEN AUF DEN MIETER UMLEGEN

Der Vermieter darf auf den Mieter vertraglich nur solche Kosten umlegen, die unter den Begriff der „Betriebskosten" im Sinne der Betriebskostenverordnung fallen. Die Umlage erfordert eine klare und eindeutige Vereinbarung. Ausreichend ist jedoch die Verweisung auf den Betriebskostenkatalog der Betriebskostenverordnung. Eine zusätzliche Erläuterung oder Beifügung dieses Katalogs ist für eine wirksame Umlage zwar nicht erforderlich, aber zur Information des Mieters und zur Vermeidung von Rückfragen durchaus sinnvoll.

Nicht zu den Betriebskosten gehören (§ 1 Abs. 2 Nr. 1 und 2 BetrKV):

■ Verwaltungskosten, das heißt die Kosten der zur Verwaltung des Gebäudes erforderlichen Arbeitskräfte und Einrichtungen, die Kosten der Aufsicht, der Wert der vom Vermieter persönlich geleisteten Verwaltungsarbeit, die Kosten für die gesetzlichen oder freiwilligen Prüfungen des Jahresabschlusses und die Kosten für die Geschäftsführung.

■ Instandhaltungs- und Instandsetzungskosten, das heißt die Kosten, die während der Nutzungsdauer zur Erhaltung des bestimmungsmäßigen Gebrauchs aufgewendet werden müssen, um die durch Abnutzung, Alterung und Witterungseinwirkung entstehenden baulichen oder sonstigen Mängel ordnungsgemäß zu beseitigen.

Diese Kosten sind jedoch in der Regel in der Wohngeldabrechnung enthalten, dürfen aber in der Betriebskostenabrechnung gegenüber dem Mieter nicht angesetzt werden.

Schwieriger wird es, wenn solche Kosten in grundsätzlich umlegbaren Positionen der Wohngeldabrechnung enthalten sind. Sind z. B. in den Kosten des Aufzugs wegen eines Vollwartungsvertrages nicht nur Wartungs-, sondern auch Reparaturkosten enthalten oder erledigt der Hausmeister auch Verwaltungsarbeiten (z. B. Wohnungsabnahmen), müssen diese Positionen (Aufzug bzw. Hausmeister) vor Einstellung in die Betriebskostenabrechnung anteilig gekürzt werden. Gleiches gilt für Kosten von Feuerlöschgeräten, Müllschluckern, Dachrinnenreinigung, Gemeinschaftseinrichtung (Schwimmbad, Sauna, Hobbyraum) usw. Solche Kosten gehören zu den „sonstigen Kosten" im Sinne des § 2 Nr. 17 BetrKV und sind nur dann umlagefähig, wenn der Kostengegenstand im Mietvertrag genau bezeichnet ist. Nicht ausreichend ist die pauschale Anführung von „sonstigen Betriebskosten" (BGH, Urteile vom 7.4.2004, Az. VIII ZR 146/03, WuM 2004, 292, und Az. VIII ZR 167/03, WuM 2004, 290).

 WOHNGELDABRECHNUNG GENAU PRÜFEN

Bei Erstellung der Betriebskostenabrechnung ist zu prüfen, welche Positionen der Wohngeldabrechnung in welchem Umfang in die Betriebskostenabrechnung gemäß den mietvertraglichen Vereinbarungen eingestellt werden dürfen.

Nach einem Urteil des BGH vom 2.2.2008 (Az. VIII ZR 49/07) muss der Vermieter die Betriebskosten – entgegen der überwiegenden Auffassung der Mietgerichte – nicht mehr zwingend nach dem sogenannten Leistungprinzip abrechnen, sondern darf sie auch nach dem sogenannten Abflussprinzip ansetzen. Damit gelten im Mietrecht grundsätzlich dieselben Abrechnungsgrundsätze wie im Wohnungseigentumsrecht, da auch in der Wohngeldabrechnung die Kosten in der Regel nach dem Abflussprinzip angesetzt werden (so z. B. BayObLG vom 10.7.1998, Az. 2 ZBR 49/98, NZM 1999, 133).

Beim Abflussprinzip (Ausgabenrechnung) sind die im Abrechnungszeit-raum getätigten Zahlungen anzusetzen unabhängig davon, ob die zugrunde liegenden Leistungen im Abrechnungszeitraum auch verbraucht bzw. in Anspruch genommen wurden. Beim Leistungsprinzip dürfen nur die Kosten angesetzt werden, die im Abrechnungszeitraum auch tatsächlich verbraucht bzw. in Anspruch genommen wurden.

VERSICHERUNGSPRÄMIE

Eine Versicherungsprämie (z. B. für die Feuerversicherung) für den Zeitraum vom 1.10. bis 30.9. des Folgejahres ist im Voraus jeweils am 1.10. des Jahres zur Zahlung fällig. Am 1.10.2009 (für 1.10.2009 bis 30.9.2010) betrug die Prämie 300 Euro. Ab 1.10.2010 (für 1.10.2010 bis 30.9.2011) hat sich die Prämie auf 350 Euro erhöht.

- Beim Abflussprinzip (Wohngeldabrechnung gegenüber dem Eigentümer) kann in die Abrechnung des Kalenderjahres 2010 die neue erhöhte am 1.10.2010 fällige Prämie von 350 Euro angesetzt werden, da diese im Jahr 2010 gezahlt wurde.

- Beim Leistungsprinzip (Betriebskostenabrechnung für das Kalenderjahr 2010 an den Mieter) muss differenziert werden: Für den Zeitraum 1.1.2010 bis 30.9.2010 muss noch die alte Prämie anteilig angesetzt werden. Die neue erhöhte Prämie darf anteilig nur für den Zeitraum 1.10.2010 bis 31.12.2010 angesetzt werden.

Gleiches gilt für sämtliche anderen Betriebskostenpositionen (z. B. Wasser, Abwasser), bei denen sich Abrechnungs- und Verbrauchs-/Leistungszeit-raum nicht decken; so z. B. auch für Zahlungen, die der Verwalter noch am Ende eines Kalenderjahres im Voraus für das nachfolgende Kalender-jahr gezahlt hat. Da der Verwalter ohne gesonderte Vereinbarung nicht verpflichtet ist, für eine vermietete Wohnung eine Einzelabrechnung zu erstellen, die unverändert als wirksame Betriebskostenabrechnung gegen-über dem Mieter verwendet werden kann (so z. B. BayObLG, Beschluss vom 4.4.2005, Az. 2 ZBR 198/04, WuM 2005, 480), bringt das BGH-Urteil für vermietende Wohnungseigentümer eine wesentliche Erleichterung bei der Betriebskostenabrechnung. Der Vermieter darf nunmehr gegenüber dem Mieter auch nach dem Abflussprinzip abrechnen und kann dem Mieter die Kosten in Rechnung stellen, mit denen er vom Leistungserbringer bzw. vom Verwalter im Abrechnungszeitraum belastet worden ist. Zum Beispiel darf der Vermieter die an einen Wasserversorger geleisteten Zahlungen anteilig auf den Mieter umlegen, auch wenn die Zahlungen zum Teil noch für den Wasserverbrauch des Vorjahres bestimmt waren. Den Vorschriften der §§ 556 ff. BGB ist nämlich nicht zu entnehmen, dass der Gesetzgeber den Vermieter auf eine bestimmte zeitliche Zuordnung der Betriebskosten festlegen wollte.

Der Vermieter muss somit nicht den Gesamtverbrauch zum Jahresende ablesen oder schätzen und die Abrechnungen des Wasserversorgers auf die einzelnen Kalenderjahre aufteilen. Der damit verbundene zusätzliche Aufwand ist für den Vermieter nicht zumutbar und wird von den schutzwürdigen Interessen des Mieters auch nicht gefordert.

Unproblematisch ist in der Regel der Abrechnungszeitraum. Im Wohnungseigentumsrecht ist das Wirtschaftsjahr das Kalenderjahr (§ 28 Abs. 3 WEG). Im Mietrecht gibt es keine zwingenden gesetzlichen Regelungen, sodass als Abrechnungszeitraum für die Betriebskostenabrechnung ebenfalls das Kalenderjahr vereinbart und damit der Regelung im WEG angepasst werden kann.

Seit Inkrafttreten der Mietrechtsreform am 1.9.2001 ist dem Mieter die Abrechnung über die von ihm geleisteten Betriebskostenvorauszahlungen spätestens bis zum Ablauf des zwölften Monats nach Ende des Abrechnungszeitraums mitzuteilen (§ 556 Abs. 3 S. 2 BGB). Nach Ablauf dieser Frist ist die Geltendmachung einer Nachforderung durch den Vermieter ausgeschlossen, es sei denn, der Vermieter hat die verspätete Geltendmachung nicht zu vertreten, z. B. weil ihm noch keine Belege vorliegen (sogenannte Ausschlussfrist, § 556 Abs. 3 S. 3 BGB).

Der Vermieter kann gegenüber dem Mieter aber erst abrechnen, wenn ihm die Wohngeldabrechnung der Verwaltung vorliegt. Für diese Abrechnung existieren keine gesetzlichen Fristen. Der Verwalter ist jedoch nach herrschender Meinung verpflichtet, spätestens sechs Monate nach Beendigung des Wirtschaftsjahres abzurechnen (so BayObLG, NJW-RR 1990, 659). Strittig ist insofern, ob eine verspätete Abrechnung des Verwalters dem Vermieter zuzurechnen ist, das heißt, der Vermieter für die Verspätung einzustehen hat. Nach überwiegender Meinung kann der WEG-Verwalter, der nicht zugleich Verwalter des Sondereigentums ist, nicht als Erfüllungsgehilfe (§ 278 BGB) der einzelnen Eigentümer angesehen werden. Eine verspätete Abrechnung des Verwalters ist dem Vermieter daher jedenfalls dann nicht zuzurechnen, wenn er sich nachdrücklich um die Vorlage der WEG-Abrechnung bemüht hat. In diesem Fall ist der Mieter zur Zahlung von Nachforderungen, die sich aus der Abrechnung ergeben, verpflichtet.

Der Vermieter/Eigentümer kann nach herrschender Meinung grundsätzlich nicht bereits auf Grundlage der Jahresabrechnung des Verwalters, die dieser den Eigentümern zur Vorbereitung der Eigentümerversammlung übermittelt hat, abrechnen, da es sich hierbei nur um eine Beschlussvorlage mit nur vorläufigem Charakter handelt, die zur Bestimmung des Guthabens des Mieters bzw. von Nachforderungen des Vermieters nicht geeignet ist. Danach kann der Eigentümer/Vermieter über die Betriebskosten frühestens nach Beschluss der Eigentümergemeinschaft über die Wohngeldabrechnung des Verwalters abrechnen.

Insofern ist strittig, ob der Eigentümer/Vermieter auch noch abwarten muss, bis der Beschluss über die Gesamt- und Einzelabrechnung bestandskräftig ist (§ 28 Abs. 5 WEG). So z. B. OLG Düsseldorf (Urteil vom 23.3. 2000, ZMR 2000, 453) mit der Begründung, dass erst dann die konkrete Betriebskostenbelastung des Eigentümers endgültig feststeht. Dagegen ist das LG Itzehoe (Urteil vom 19.9.2002, Az. 4 S 61/02, ZMR 2003, 38) der Auffassung, dass ein wirksamer Beschluss der Eigentümergemeinschaft keine rechtliche Voraussetzung für eine Abrechnung gegenüber dem Mieter darstellt, da gemäß § 27 Abs. 1 II. BV die tatsächlich entstandenen Betriebskosten in die Abrechnung einzustellen sind. Tatsächlich entstehen Betriebskosten bei Wohnungseigentum aber bereits mit der Tätigung von Ausgaben, das heißt, schon bevor mit Beschluss nach § 28 Abs. 5 WEG eine Zahlungspflicht der Wohnungseigentümer festgestellt wird. Müsste erst die Bestandskraft des Beschlusses abgewartet werden, könnte bei einem langwierigen Rechtsstreit unter Umständen erst nach mehreren Jahren abgerechnet und das errechnete Saldo ausgezahlt werden.

Praxisgerecht ist es daher, dem Vermieter die Abrechnung auch dann nach dem Beschluss der Eigentümerversammlung zu gestatten, wenn dieser angefochten wurde. Der Vermieter sollte den Mieter jedoch auf diesen Umstand hinweisen, um nicht wegen Vertrauensschutzgesichtspunkten etwaige Nachforderungen zu verlieren. Empfehlenswert ist aber, die Anfechtungsfrist von einem Monat (§ 23 Abs. 3 S. 2 WEG) vor Erteilung der Abrechnung abzuwarten. Die Ausschlussfrist des § 556 Abs. 3 S. 3 BGB steht einer späteren Korrektur und einem dadurch gegebenenfalls höheren Saldo zulasten des Mieters nicht entgegen, weil der Vermieter die verspätete zutreffende Abrechnung nicht zu vertreten hat.

Folgt man der Auffassung, dass der Eigentümer/Vermieter über die Betriebskosten erst nach Vorliegen des Beschlusses über die Wohngeldabrechnung abrechnen kann, haftet der Verwalter für alle Nachteile, die einem Eigentümer/Vermieter wegen einer verspätet vorgelegten Abrechnung entstehen.

Schwierigkeiten entstehen dem Vermieter bei der Betriebskostenabrechnung häufig auch, weil er bei Abschluss des Mietvertrages nicht auf eine Kongruenz der Umlagemaßstäbe (Verteilerschlüssel) geachtet hat, das heißt mit dem Mieter nicht denselben Umlagemaßstab vereinbart hat, der auch zwischen den Wohnungseigentümern gilt. Eine Verteilung der Betriebskosten nach Miteigentumsanteilen ist z. B. dann unzulässig, wenn im Mietvertrag eine Verteilung der Betriebskosten nach der Nutzfläche vereinbart ist. Dies gilt selbst dann, wenn die Hausverwaltung gegenüber den Wohnungseigentümern nach Miteigentumsanteilen abrechnet (so LG München I, Urteil vom 17.4.2002, Az. 14 S 17240/01, ZMR 2003, 431).

 MASSTAB AUS TEILUNGSERKLÄRUNG ÜBERNEHMEN

Bestimmt die Teilungserklärung eine Verteilung der Kosten und Lasten nach dem Verhältnis der Miteigentumsanteile, sollte dieser Maßstab daher auch im Mietvertrag ausdrücklich vereinbart werden.

Im Hinblick auf das BGH-Urteil vom 26.5.2004 (Az. VIII ZR 169/03, WuM 2004, 403), wonach eine solche Vereinbarung auch für Betriebskosten gilt, die sich der Wohnung konkret zuordnen lassen (z. B. Grundsteuer bei Eigentumswohnungen, durch Zähler erfasste Betriebskosten), sollte in den

Mietvertrag zusätzlich eine Regelung aufgenommen werden, wonach solche Betriebskosten vom vereinbarten Umlagemaßstab (Miteigentumsanteile) ausgenommen sind und mit ihrem konkreten Betrag in der Betriebskostenabrechnung angesetzt werden.

Eine mietvertragliche Vereinbarung, die Betriebskosten nach dem Verhältnis der Miteigentumsanteile umzulegen, ist zulässig (OLG Braunschweig WuM 1999, 173; OLG Hamm WuM 1981, 62). Dies gilt grundsätzlich selbst dann, wenn die Miteigentumsanteile nicht entsprechend der Wohnflächenanteile gebildet worden sind (LG Düsseldorf DWW 1988, 210). Eine Ausnahme besteht nur dann, wenn dieser Maßstab offenbar unbillig ist, beispielsweise weil die Miteigentumsanteile nach dem für die einzelne Wohnung erforderlichen Kostenaufwand erstellt worden sind oder die Miteigentumsanteile unter Berücksichtigung von Sondernutzungsflächen gebildet wurden und dem Mieter nicht das gesamte Sondereigentum einschließlich der Sondernutzungsflächen vermietet worden ist.

Wird der Verteilerschlüssel durch Beschluss der Eigentümergemeinschaft geändert, kann auch der einzelne Wohnungs- bzw. Teileigentümer gegenüber seinem Mieter einen Anspruch auf entsprechende Änderung des Verteilerschlüssels nach den Grundsätzen von Treu und Glauben (§ 242 BGB) haben, da die Geschäftsgrundlage, die der mietvertraglichen Vereinbarung des Verteilerschlüssels zugrunde lag, entfallen ist (OLG Frankfurt/M., Urteil vom 12.3.2003, Az. 7 U 50/02, ZMR 2004, 182). Allerdings ist die Änderung nur für die Zukunft möglich, nicht aber für bereits abgelaufene Abrechnungsperioden. Die Änderung des Verteilerschlüssels muss dem Mieter vorweg vor Beginn der Abrechnungsperiode mitgeteilt werden. Eine nachträgliche Mitteilung nur im Rahmen der Nebenkostenabrechnung ist nicht zulässig (OLG Frankfurt, siehe oben).

Behebung von Mängeln am Gemeinschaftseigentum

Bei Vermietung einer Eigentumswohnung gehören zur Mietsache nicht nur die im Sondereigentum des Vermieters stehenden Räumlichkeiten, sondern auch Teile des Gemeinschaftseigentums (z. B. Fenster, Treppenhaus, Lift), die für die vertragsgemäße Nutzung der Mietsache erforderlich sind.

Da der Mieter nach § 535 BGB einen Anspruch darauf hat, dass der Vermieter „die Mietsache" während der Mietzeit in einem zum vertragsgemäßen Gebrauch geeigneten Zustand erhält, kann der Mieter auch die Beseitigung von Mängeln am Gemeinschaftseigentum (z. B. Undichtigkeit der Fenster) verlangen. Diesen Anspruch kann der Mieter nur gegen den Vermieter richten, da nur dieser sein Vertragspartner ist, während zwischen Mieter und Eigentümergemeinschaft keine schuldrechtlichen Beziehungen bestehen.

Problematisch ist insofern, dass der Vermieter zu Eingriffen in das Gemeinschaftseigentum, das heißt auch zu Reparaturen am Gemeinschaftseigentum ohne entsprechenden Beschluss der Gemeinschaft nicht berechtigt ist. Dies steht aber nach Auffassung der Rechtsprechung dem Mangelbeseitigungsanspruch des Mieters nicht entgegen. Liegt ein Beschluss der Gemeinschaft über die Mängelbeseitigung nicht vor, ist der Eigentümer verpflichtet, alles zu tun, um einen solchen Instandsetzungsbeschluss herbeizuführen (BGH, Urteil vom 20.7.2005, Az. VIII ZR 342/03, NZM 2005, 820; KG Berlin ZMR 1990, 336).

Für den Fall, dass sich der Vermieter mit der Beseitigung des Mangels in Verzug befindet, bestimmt § 536 a Abs. 2 BGB, dass der Mieter den Mangel selbst beseitigen und vom Vermieter Ersatz der erforderlichen Aufwendungen verlangen kann. Diesem Selbstbeseitigungsrecht des Mieters steht bei vermieteten Eigentumswohnungen allerdings der Umstand entgegen, dass der Mieter – ebenso wenig wie sein Vermieter – zu Eingriffen in das Gemeinschaftseigentum befugt ist, sofern die Gemeinschaft damit nicht einverstanden ist.

Ist die Gemeinschaft mit der Mangelbeseitigung durch den Mieter einverstanden, darf der Mieter die erforderlichen Instandsetzungsmaßnahmen zwar auf eigene Kosten durchführen, er hat aber gegen die Gemeinschaft gleichwohl keinen Aufwendungsersatzanspruch. Diesen muss der Mieter gegen seinen Vertragspartner, den Vermieter richten, der seinerseits dann einen Ausgleichsanspruch gegen die Gemeinschaft nach den Regeln der

Geschäftsführung ohne Auftrag (Geschäftsführung ohne Auftrag; §§ 677 ff. BGB) geltend machen kann.

Modernisierung des Gemeinschaftseigentums

Bei einem Mietverhältnis über eine Eigentumswohnung erstreckt sich die „Mietsache" – wie bereits ausgeführt – auch auf Teile des Gemeinschaftseigentums. Somit gilt die Vorschrift des § 554 BGB über die grundsätzliche Verpflichtung des Mieters zur Duldung von Modernisierungsmaßnahmen auch für Modernisierungsmaßnahmen am Gemeinschaftseigentum, das heißt auch für Maßnahmen außerhalb der Wohnung. Dies muss der Mieter dulden, wenn sie zur Verbesserung der Mietsache, zur Einsparung von Energie oder Wasser oder zur Schaffung von neuem Wohnraum führen (§ 554 Abs. 2 BGB).

Eine Ausnahme besteht, wenn die Maßnahme für den Mieter, für seine Familie oder seine Haushaltsangehörigen eine Härte bedeuten würde, z. B. wegen der Beeinträchtigung durch die vorzunehmenden Maßnahmen oder die zu erwartende Mieterhöhung. Bei der erforderlichen Interessenabwägung sind nach dem Wortlaut des § 554 Abs. 2 BGB nur die Interessen des Vermieters und anderer Mieter in dem Gebäude zu berücksichtigen, nicht aber die Interessen der anderen Wohnungseigentümer, das heißt der Eigentümergemeinschaft.

Nachdem Modernisierungsmaßnahmen jedoch regelmäßig zur Werterhaltung der Immobilie beitragen und häufig auch zu einer Wertsteigerung führen, können aber auch die übrigen Wohnungseigentümer ein berechtigtes Interesse an der Durchführung der Modernisierungsmaßnahmen haben. Bei der Interessenabwägung sind daher über den Wortlaut des § 554 Abs. 2 BGB hinaus auch die Interessen sämtlicher Eigentümer in der Anlage zu berücksichtigen.

Der Anspruch auf Duldung der Modernisierungsmaßnahmen kann allerdings nur innerhalb der bestehenden Mietverhältnisse, das heißt nur vom jeweiligen Eigentümer gegenüber seinem Mieter, nicht dagegen von der Eigentümergemeinschaft geltend gemacht werden. Der Vermieter ist aber gegenüber der Eigentümergemeinschaft nach § 21 Abs. 4 WEG verpflichtet, den Duldungsanspruch gegen seinen Mieter geltend zu machen.

Dies gilt grundsätzlich auch dann, wenn dies für ihn als Eigentümer zu Nachteilen führt, z. B. der Mieter wegen der Modernisierung von seinem außerordentlichen Kündigungsrecht Gebrauch macht (§ 554 Abs. 3 S. 2 BGB). Gegebenenfalls ist der Vermieter auch verpflichtet, auf die geplante Mieterhöhung wegen der Modernisierungsmaßnahme (§ 559 BGB) zu verzichten, um den Mieter zur Duldung zu veranlassen bzw. zu verpflichten.

Ist der Eigentümer/Vermieter der Auffassung, der Modernisierungsbeschluss würde wegen der damit für ihn verbundenen Nachteile nicht mehr einer ordnungsgemäßen Verwaltung entsprechen, muss er diesen vor dem Wohnungseigentumsgericht innerhalb eines Monats anfechten (§ 23 Abs. 4 WEG); anderenfalls wird der Beschluss bestandskräftig und muss ohne Rücksicht auf die damit verbundenen Nachteile umgesetzt werden.

Anspruch der WEG auf Unterlassung bzw. Kündigung des Mietverhältnisses

Bei Störung des Hausfriedens durch den Mieter (z. B. laufende Ruhestörungen) kann dem Eigentümer und Vermieter grundsätzlich nicht durch Beschluss der Wohnungseigentümergemeinschaft vorgeschrieben werden, wie er dagegen vorzugehen hat. Nur ausnahmsweise kann sich der Unterlassungsanspruch der Wohnungseigentümer auf eine Kündigung des Mietverhältnisses mit anschließender möglicher Räumungsklage richten. Dies ist der Fall, wenn die Berufung des Vermieters auf ein Wahlrecht, wie er die Störungen abstellen will, rechtsmissbräuchlich wäre, weil angesichts der gesamten Umstände nur eine Räumung geeignet erscheint, die Störungen durch den Mieter zu beenden (OLG Düsseldorf, Beschluss vom 21.10.2008, Az. 3 Wx 240/07, ZWE 7/8 2009, 279).

Ein „Durchgriff" des § 1004 BGB (Unterlassungsanspruch gegen Störer) auf das Mietverhältnis wird von der Rechtsprechung abgelehnt.

Beschließen z. B. die Wohnungseigentümer ein Verbot der Hundehaltung (mit Ausnahmen, z. B. Blindenhund) mit der Maßgabe, dass das Verbot von den vermietenden Wohnungseigentümern jeweils in die künftigen Mietverträge aufgenommen werden soll, und versäumt ein Eigentümer dies bei Abschluss des Mietvertrags, kann nach Auffassung des LG Nürnberg-Fürth (Urteil vom 31.7.2009, Az. 19 S 2183/09, ZWE 1-2/2010, 26) vom Mieter nicht die Unterlassung einer (nicht störenden) Hundehaltung aufgrund des Beschlusses der Wohnungseigentümer verlangt werden, wonach die Hundehaltung generell untersagt wird. Dementsprechend ist es für Wohnungseigentümer problematisch, einen Unterlassungsanspruch gegen einen anderen Wohnungseigentümer nach § 15 Abs. 3 WEG durchzusetzen, wenn dieser nicht seinerseits einen Anspruch gegen seinen Mieter hat. Die kollidierenden Verpflichtungen müssen im jeweiligen Rechtsverhältnis Wohnungseigentümer/Wohnungseigentümer und Wohnungseigentümer/Mieter geklärt werden (so z. B. LG Köln, Urteil vom 22.11.1988, Az. 10 S 198/88), wonach einem Wohnungseigentümer gegen den Mieter eines anderen Wohnungseigentümers unmittelbar kein Anspruch auf Unterlassung der Hundehaltung in der Wohnung zusteht). Der Beseitigungsanspruch wirkt nur zugunsten des Vermieters. Ein Anspruch auf Entfernung des Hundes aus der Mietwohnung kann dem (anderen) Wohnungseigentümer nur aus §§ 823 Abs. 1, 1004 Abs. 1 BGB zustehen. Die dafür erforderliche Eigentums- oder Besitzverletzung liegt jedoch nicht schon in der berechtigten oder unberechtigten Hundehaltung an sich, sondern allenfalls in einer Belästigung durch den Hund.

Gleiches gilt für einen Anspruch der übrigen Eigentümer gegen den Mieter aus § 1004 BGB auf Unterlassung einer beschlusswidrigen Nutzung, z. B. Entfernen der Parabolantenne. Insofern ist eine Beeinträchtigung der übrigen Eigentümer erforderlich, wobei im Beispielfall eine optische Beeinträchtigung des Gebäudes genügt (BGH, Urteil vom 27.1.2006, Az. V ZR 26/05, NJW 2006, 992; BGH, Urteil vom 10.10.2007, Az. VII ZR 260/06, NJW 2008, 216).

Veräußerung von Wohnung und Nebenräumen/ Garage an verschiedene Eigentümer

Probleme können auch entstehen, wenn eine Eigentumswohnung durch Umwandlung eines Mietshauses erst entstanden ist und die (vermietete) Wohnung und deren mitvermietete Nebenräume (z. B. Keller, Speicheranteil, Garage) als Sondereigentum bzw. Sondernutzungsrecht von verschiedenen Personen erworben werden. Hier werden also Teile der Mietsache, die ursprünglich Gegenstand eines einheitlichen Mietvertrages waren, an verschiedene Erwerber veräußert. In diesem Fall erfolgt nach der Rechtsprechung keine Aufspaltung der Mietverträge. Nach § 566 BGB geht der Mietvertrag einheitlich auf alle Erwerber über, das heißt, es entsteht eine Mehrheit von Vermietern, deren Verhältnis sich dann nach den Regeln der Bruchteilsgemeinschaft bestimmt.

Dies bedeutet, dass die Erwerber die Verwaltung der Wohnung und der Nebenräume (z. B. Garage) gemeinschaftlich ausüben müssen (§ 745 Abs. 2 BGB). Auch die Kündigung eines Nebenraumes kann daher nur gemeinschaftlich durch dessen (neuen) Eigentümer und den (neuen) Eigentümer der Wohnung erfolgen (OLG Celle, Urteil vom 11.10.1995, WuM 1996, 222; vgl. BayObLG WuM 1991, 78). Gleiches gilt für die Durchsetzung von Mieterhöhungen oder Mietzahlungsansprüchen. Zahlt der Mieter keine Miete mehr, ist der jeweils andere Eigentümer verpflichtet, bei der Einziehung der Miete mitzuwirken (BGH, Urteil vom 28.9.2005, Az. VIII ZR 319/03, ZMR 2006, 30).

Eine nachträgliche Aufspaltung des ursprünglich einheitlichen Mietverhältnisses in zwei getrennte Mietverträge kann im Einzelfall dadurch eintreten, dass der Mieter mit dem Erwerber der Garage ohne Beteiligung des ehemaligen Eigentümers gesonderte Vereinbarungen zur Miethöhe trifft (LG Baden-Baden, Urteil vom 9.2.1990, WuM 1991, 35). Entsprechendes kann auch gelten, wenn der Mieter die Garagenmiete unabhängig von der Wohnungsmiete an den Erwerber zahlt.

Das wohnungsgerichtliche Verfahren

Zuständiges Gericht in der ersten Instanz

Nach § 43 Abs. 1 Nr. 1 WEG entscheidet das Amtsgericht, in dessen Bezirk das Grundstück liegt, über Streitigkeiten hinsichtlich der Rechte und Pflichten der Wohnungseigentümer untereinander, die sich aus der Gemeinschaft der Wohnungseigentümer und aus der Verwaltung des gemeinschaftlichen Eigentums ergeben.

 **STREITIGKEITEN**

Mögliche Streitigkeiten: Unterlassung von Ruhestörungen, Einhaltung der Hausordnung, Nutzungsentschädigung für den Gebrauch des gemeinschaftlichen Eigentums, Streitigkeiten, ob eine Maßnahme ordnungsgemäßer Verwaltung entspricht, Beseitigung einer unzulässigen baulichen Veränderung, Klage auf Zahlung rückständiger Wohngelder , Zahlungsklage aus Sonderumlagebeschlüssen.

Anfechtungsklage

Eine der praktisch bedeutsamsten Klagen im wohnungseigentumsrechtlichen Verfahren ist die Anfechtungsklage auf Erklärung der Ungültigkeit eines Eigentümerbeschlusses.

Die Wohnungseigentümer entscheiden durch Beschluss (vgl. Seite 90 ff.). Beschlüsse können formell (z. B. Einberufungsmängel) oder materiell (z. B. wenn sie gegen ordnungsgemäße Verwaltung verstoßen) fehlerhaft sein.

Möchte ein Eigentümer gegen einen Eigentümerbeschluss vorgehen und dessen Fehlerhaftigkeit geltend machen, so muss er ihn anfechten. Dazu genügt ein einfaches Schreiben an den Verwalter oder die Eigentümergemeinschaft nicht. Die Anfechtung eines Eigentümerbeschlusses kann nur durch die Anfechtungsklage nach § 46 WEG beim zuständigen Amtsgericht erhoben werden. Dazu ist eine Klageschrift beim Amtsgericht, in dessen Bezirk das Grundstück liegt, einzureichen (§ 43 WEG).

Frist zur Klageerhebung

Die Anfechtungsklage ist binnen eines Monats nach der Beschlussfassung zu erheben (§ 46 Abs. 1 Satz 2 WEG). Es handelt sich um eine sogenannte Ausschlussfrist, das heißt, dass ein Eigentümerbeschluss endgültig bestandskräftig wird, sofern er nicht innerhalb eines Monats nach der Beschlussfassung vor dem zuständigen Amtsgericht angefochten wird. Maßgeblich ist der Zeitpunkt der Beschlussfassung.

 FRIST ZUR KLAGEERHEBUNG

Die Eigentümerversammlung fand am 12.6.2010 statt. Die Frist zur Erhebung der Anfechtungsklage endet damit am 12.07.2010.

Da Beschlüsse in aller Regel in der Eigentümerversammlung gefasst werden, läuft ab diesem Zeitpunkt die Monatsfrist, unabhängig davon, ob der anfechtende Eigentümer selbst in der Eigentümerversammlung anwesend war. Unerheblich ist auch, ob der Eigentümer bereits das Beschlussprotokoll erhalten hat. Die Monatsfrist läuft auch in diesem Fall ab der Beschlussfassung.

 PROTOKOLL ANFORDERN

Haben Sie das Protokoll der Eigentümerversammlung noch nicht erhalten, so ist der Verwalter mit Hinweis auf die Anfechtungsfrist zur Übersendung des Protokolls der Wohnungseigentümerversammlung aufzufordern.

Ein Verwalter kann sich, wenn er weder durch Beschluss noch durch Verwaltervertrag noch durch Regelungen in der Teilungserklärung/Gemeinschaftsordnung verpflichtet ist, das Beschlussprotokoll zu übersenden, darauf berufen, dass er die Protokollübersendung nicht schuldet. In jedem

Fall aber ist der Verwalter von Gesetzes wegen gehalten, eine Beschluss-Sammlung zu führen (§ 24 Abs. 7, Abs. 8 WEG). Jeder Wohnungseigentümer bzw. von ihm ermächtigte Dritte haben einen gerichtlich durchsetzbaren Anspruch auf Einsicht in die Beschluss-Sammlung. Der Verwalter hat auf entsprechende Anforderung hin auch Ablichtungen zu fertigen. Sofern ein Wohnungseigentümer beabsichtigt, eine Beschlussanfechtungsklage zu erheben, muss er sich entweder über den Inhalt der gefassten Beschlüsse durch Nachfrage bei anderen Miteigentümern Kenntnis verschaffen oder aber durch Einsicht in die Beschluss-Sammlung. Stellt der Eigentümer dann fest, dass die Beschluss-Sammlung nicht ordnungsgemäß geführt wird, so stellt dies einen gesetzlich normierten Abberufungsgrund nach § 26 Abs. 1 Satz 4 WEG dar.

Frist zur Klagebegründung

Die Anfechtungsklage ist innerhalb von zwei Monaten nach der Beschlussfassung zu begründen. Die Frist zur Klagebegründung kann nicht verlängert werden. Wird sie versäumt, so ist die Klage vom Gericht abzuweisen, da es sich um eine materielle Ausschlussfrist handelt.

Fehlerhafte Eigentümerbeschlüsse

Eigentümerbeschlüsse können in formeller und in materieller Hinsicht fehlerhaft sein.

Formelle Mängel, wegen derer Beschlüsse anfechtbar sind, können z. B. Einberufungsmängel, fehlende Ankündigung in der Tagesordnung, Vereitelung der Teilnahme eines Wohnungseigentümers an der Versammlung, fehlende Beschlussfähigkeit (zur Wohnungseigentümerversammlung vgl. auch Seite 77) sein.

Nicht anfechtbar sind sogenannte Geschäftsordnungsbeschlüsse, die nur die Organisation der konkreten Eigentümerversammlung betreffen, z. B. Vorziehen eines Tagesordnungspunkts. Geschäftsordnungsbeschlüsse sind mit dem Ende der Versammlung gegenstandslos. Sie können daher nicht gesondert angefochten werden.

Ein Beschluss ist anfechtbar und auf Anfechtungsklage hin für ungültig zu erklären, wenn er gegen die Grundsätze ordnungsgemäßer Verwaltung verstößt (§ 21 Abs. 5 WEG). Zur ordnungsgemäßen Verwaltung gehören insbesondere

- das Aufstellen einer Hausordnung,

- die ordnungsgemäße Instandhaltung und Instandsetzung des gemeinschaftlichen Eigentums,

- die Ansammlung einer Instandhaltungsrücklage und

- die Aufstellung eines Wirtschaftsplans nach § 28 WEG.

 BALKONSANIERUNG

Es steht eine große Balkonsanierung an. Der Verwalter holt lediglich ein Angebot ein und lässt die Eigentümergemeinschaft über die Vergabe der Maßnahme beschließen. Dies entspricht nicht ordnungsgemäßer Verwaltung. Bei größeren Instandsetzungsvorhaben ist der Verwalter verpflichtet, Konkurrenzangebote einzuholen (BayObLG, Beschluss vom 11.4.2002, Az. 2Z BR 85/01, NZM 2002, 564). In diesem Fall liegt eine nicht ordnungsgemäße Verwaltung vor.

Gebot inhaltlicher Bestimmtheit

Eigentümerbeschlüsse müssen hinreichend klar und bestimmt und aus sich heraus verständlich sein. Fehlt es daran, so ist ein entsprechender Eigentümerbeschluss auf Anfechtungsklage hin für ungültig zu erklären.

 HAUSORDNUNG

Die Eigentümergemeinschaft beschließt eine Hausordnung, in der sie den Verwalter u.a. verpflichtet, „grobe Verstöße" gerichtlich zu ahnden. Diese Regelung lässt nicht mit der erforderlichen Bestimmtheit erkennen, wann ein grober Verstoß vorliegt und was unter einer gerichtlichen Ahndung im Einzelnen zu verstehen ist. Ein solcher Mehrheitsbeschluss ist wegen fehlender Bestimmtheit für ungültig zu erklären (BayObLG, Beschluss vom 13.12.2001, Az. 2Z BR 156/01, NZM 2002, 171).

Klage auf Beseitigung baulicher Veränderungen

Nimmt ein Miteigentümer eigenmächtig Veränderungen am Gemeinschaftseigentum vor, so kann er auf Rückbau und Wiederherstellung des ursprünglichen Zustandes in Anspruch genommen werden.

Sowohl die gesamte Wohnungseigentümergemeinschaft als auch der einzelne Eigentümer kann den Miteigentümer auf Rückbau und Wiederherstellung des ursprünglichen Zustandes in Anspruch nehmen. Die Wohnungseigentümer haben bei der Frage, ob sie gegen eine bauliche Veränderung vorgehen, allerdings ein Auswahlermessen. Lehnen die Wohnungseigentümer ein entsprechendes Vorgehen ab, so kann ein beeinträchtigter Wohnungseigentümer nicht mit Erfolg Anfechtungsklage auf Ungültigerklärung dieses Beschlusses erheben, da sich die Wohnungseigentümergemeinschaft innerhalb ihres Ermessens bewegt. Allerdings bleibt es dem beeinträchtigten Wohnungseigentümer unbenommen, als Einzeleigentümer selbst eine Klage auf Beseitigung der baulichen Veränderung zu erheben. Der „Handlungsstörer", das heißt der Miteigentümer, der die bauliche Veränderung vorgenommen hat, ist nach § 1004 Abs. 1 Satz 1 BGB verpflichtet, die Beeinträchtigung zu beseitigen.

Gleichzeitig kann auch gegen den Mieter der Eigentumswohnung vorgegangen werden. Dieser ist zwar nicht Handlungsstörer, da er nicht selbst umgebaut hat. Der Mieter ist jedoch „Zustandsstörer", da er die Wohnung in Besitz hat und den rechtswidrigen baulichen Zustand der Wohnung aufrecht erhält. Deshalb kann auch der Mieter als Zustandsstörer in Anspruch genommen werden. Er wird verpflichtet, den Rückbau zu dulden. Obwohl der Mieter die Wohnung mit dem rechtswidrig angebauten Wintergarten angemietet hat, ist dies im Verhältnis zu den anderen Miteigentümern unerheblich, da der Vertrag schuldrechtlich nur zwischen Mieter und Vermieter wirkt und keine Auswirkung auf das Gemeinschaftsverhältnis hat (BGH NJW 2007, 432).

Anspruch auf Aufnahme von Tagesordnungspunkten

Der Verwalter hat bestimmte Punkte auf die Tagesordnung zu setzen, wenn es von mehr als einem Viertel der Wohnungseigentümer schriftlich und unter Angabe des Zwecks und der Gründe verlangt wird. Auch Einzeleigentümer haben einen Anspruch auf Aufnahme von Tagesordnungspunkten, wenn die Behandlung des Punktes ordnungsgemäßer Verwaltung entspricht (OLG Frankfurt am Main, Beschluss vom 1.9.2003, Az. 20 W 103/01).

Weigert sich der Verwalter dennoch, einen bestimmten Tagesordnungspunkt aufzunehmen, so kann dies je nach Eilbedürftigkeit gerichtlich im Wege des einstweiligen Rechtsschutzes (Eilverfahren) durchgesetzt werden.

Protokollberichtigung

Wird ein Eigentümerbeschluss nicht oder nicht richtig protokolliert oder fehlen erhebliche Umstände, die zum Verständnis des Beschlusses erforderlich sind, so kann jeder Wohnungseigentümer beim zuständigen Amtsgericht einen Antrag auf Protokollberichtigung stellen. Die Berichtigung kann nur vom Ersteller des Protokolls verlangt werden und richtet sich daher regelmäßig gegen den Verwalter und nicht gegen die Wohnungseigentümergemeinschaft.

Eine Protokollberichtigung kann ferner verlangt werden, wenn

- der Protokollersteller (Verwalter) das ihm bei Erstellung des Protokolls zustehende Ermessen überschritten hat und

- das Protokoll beleidigende Inhalte hat.

Steuern bei selbst genutztem und vermietetem Wohnungseigentum

Die selbst genutzte Eigentumswohnung

Seit der Abschaffung der Eigenheimzulage zum 1. 1. 2006 kann die selbst genutzte Eigentumswohnung nur noch in wenigen Ausnahmefällen steuermindernd in Ansatz gebracht werden.

Steuerbegünstigt sind nur noch das selbst genutzte Baudenkmal oder Wohnungen im ausgewiesenen Sanierungsgebiet.

Neben diesen grundlegenden steuerrechtlichen Förderungen kann der Eigentümer einer selbst genutzten Eigentumswohnung noch von den Regeln zu den haushaltsnahen Dienstleistungen profitieren.

Selbst genutzte Eigentumswohnung als Baudenkmal und in Sanierungsgebieten

Der Eigentümer, dessen Eigentumswohnung von der Denkmalschutzbehörde als Baudenkmal deklariert wurde oder dessen Eigentumswohnung in einem förmlich festgestellten Sanierungsgebiet oder städtebaulichen Entwicklungsgebiet liegt, kann seine Aufwendungen zur Instandhaltung und Modernisierung als Sonderausgaben steuermindernd in Abzug bringen.

DIE HÖHE DES SONDERAUSGABENABZUGES NACH § 10 F ESTG BETRÄGT

Abschreibungszeitraum	Sonderausgabenabzug für Herstellungskosten und Erhaltungsaufwendungen = Aufwendungen
1 bis 10 Jahre	9 % im Jahr

Der Sonderausgabenabzug kann nur ein Mal von den Steuerpflichtigen geltend gemacht werden (Objektverbrauch).

Der Sonderausgabenabzug nach § 10 f Einkommensteuergesetz wird für selbst genutzte Baudenkmäler nur unter folgenden Voraussetzungen gewährt:

- Den Steuervorteil erhalten nur Baudenkmälern nach den landesrechtlichen Vorschriften über Denkmalschutz und Denkmalpflege.

- Es sind nur Baumaßnahmen begünstigt, die Herstellungskosten oder Erhaltungsaufwendungen darstellen und dem Erhalt der Eigentumswohnung als Baudenkmal dienen.

 ERSTMALIGER SPEICHERAUSBAU

Nicht begünstigt ist nach der aktuellen Rechtsprechung der Verwaltungsgerichte der erstmalige Ausbau eines Speichers zu eigenen Wohnzwecken. Nach Ansicht der Denkmalbehörde und der Verwaltungsgerichte dienen derartige Ausbaumaßnahmen nicht dem Erhalt als Baudenkmal.

Zum Erhalt des Sonderausgabenabzuges muss der Steuerpflichtige die gesamte Baumaßnahme vor deren Durchführung nicht nur bauordnungsrechtlich genehmigen lassen, sondern auch dezidiert mit der Denkmalschutzbehörde abstimmen. Wird das Abstimmungsgebot mit der Denkmalschutzbehörde vor Durchführung der Baumaßnahmen nicht eingehalten, so wird die Denkmalschutzbehörde die notwendige Bescheinigung nach § 7 i EStG zum Erhalt des Sonderausgabenabzuges nicht ausstellen.

Der Steuerpflichtige kann den Sonderausgabenabzug nach § 10 f EStG nur dann geltend machen, wenn ihm selbst Herstellungskosten oder Erhaltungsaufwendungen entstehen. Hier ist bei Erwerben von Bauträgern Vorsicht geboten, da oftmals bereits bei Erwerb der Eigentumswohnungen mit Instandhaltungsmaßnahmen begonnen wurde. Diese werden dann dem Erwerber nicht mehr zugerechnet, es wird keine Förderung gewährt.

Die selbst genutzte Eigentumswohnung im Sanierungsgebiet

Der Sonderausgabenabzug für selbst genutzte Eigentumswohnungen im Sanierungsgebiet wird nach § 10 f EStG unter folgenden Voraussetzungen gewährt.

- Die Eigentumswohnung muss in einem förmlich festgestellten Sanierungsgebiet oder städtebaulichen Entwicklungsgebiet liegen. Diese werden von den Gemeinden durch Satzung festgelegt.

- Es werden nur Baumaßnahmen gefördert, die durch ein Modernisierungs- oder Instandsetzungsgebot von der Gemeinde angeordnet wurden.

Reine Anschaffungskosten sind nicht begünstigt, so z. B. der Kaufpreis für den Erwerb einer Eigentumswohnung. Begünstigt sind in der Regel Modernisierungen und Instandsetzungsmaßnahmen.

 FACHKUNDIGEN RAT EINHOLEN

Bevor Sie eine Baumaßnahme an einem Baudenkmal oder an einer im Sanierungsgebiet gelegenen Eigentumswohnung durchführen, sollten Sie unbedingt fachkundigen Rat einholen.

Haushaltsnahe Beschäftigungen und haushaltsnahe Dienstleistungen

Seit 2009 gibt es für Steuerpflichtige für haushaltsnahe Beschäftigungen und haushaltsnahe Dienstleistungen höhere Abzugsbeträge. Neu ist seit 1.1.2009:

- Haushaltsnahe Beschäftigungsverhältnisse, für die Pflichtbeiträge zur gesetzlichen Sozialversicherung entrichtet werden, werden stärker gefördert.

- Die Steuerermäßigung für die Inanspruchnahme von Handwerkerleistungen für Renovierungs-, Erhaltungs- und Modernisierungsmaßnahmen wurde auf 20 Prozent der Aufwendungen von maximal 6.000 Euro, somit auf jährlich 1.200 Euro erhöht.

- Im Rahmen der Zusammenfassung und Vereinheitlichung der Fördertatbestände ist die Zwölftelungsregelung entfallen.

Die Neuregelung findet auf Aufwendungen Anwendung, die nach dem 31.12.2008 erbracht worden sind.

Für alle Arten der haushaltsnahen Beschäftigungsverhältnisse und haushaltsnahen Dienstleistungen kann nebeneinander ein Steuerabzug beansprucht werden.

 STEUERERSPARNIS VON MEHR ALS 5.000 EURO

Wer die Förderung für haushaltsnahe Dienstleistungen und haushaltsnahe Beschäftigungen voll ausschöpft, kann eine Steuerersparnis von mehr als 5.000 Euro erzielen.

Haushaltsnahe Beschäftigung

Der Begriff des haushaltsnahen Beschäftigungsverhältnisses (§ 35a Abs. 1 EStG) ist gesetzlich nicht definiert. Verlangt ist eine Tätigkeit, die einen engen Bezug zum Haushalt des Steuerpflichtigen hat. Zu den haushaltsnahen Tätigkeiten gehören u.a.

- die Zubereitung von Mahlzeiten im Haushalt,

- die Reinigung der Wohnung des Steuerpflichtigen,

- Gartenpflege,

- die Versorgung und Betreuung von Kindern, sofern die Aufwendungen nicht unter den § 9 c EStG fallen,

- die Pflege, Versorgung und Betreuung von kranken, alten oder pflegebedürftigen Personen.

Das haushaltsnahe Beschäftigungsverhältnis muss auch in einem inländischen oder in einem anderen Mitgliedsstaat der Europäischen Union oder im Europäischen Wirtschaftsraum liegenden Haushalt ausgeübt werden.

Begünstigte Kosten

Begünstigt sind sämtliche mit der Beschäftigung anfallenden Kosten, sowohl die reinen Lohnkosten als auch die Sozialversicherungsbeiträge, Beiträge zur Verwaltungsberufsgenossenschaft oder die angefallene Lohnsteuer usw.

 VERTRÄGE MIT NAHEN ANGEHÖRIGEN

Vereinbarungen zwischen oder zwischen Eltern und Kindern in einem gemeinsamen Haushalt sind nicht steuerbegünstigt. Dies gilt entsprechend für die Partner einer eingetragenen Lebenspartnerschaft. Auch bei einem Haushalt zusammenlebender Partner einer nicht ehelichen Lebensgemeinschaft oder einer nicht eingetragenen Lebenspartnerschaft kann regelmäßig nicht von einem begünstigten Beschäftigungsverhältnis ausgegangen werden, da jeder Partner auch seinen eigenen Haushalt führt und es daher an dem für Beschäftigungsverhältnisse typischen Über- und Unterordnungsverhältnis fehlt.

Etwas anderes gilt nur dann, wenn haushaltsnahe Beschäftigungsverhältnisse mit Angehörigen abgeschlossen werden, die nicht im Haushalt des Steuerpflichtigen leben. Hier ist dringend auf einen privatrechtlich wirksamen Vertrag zu achten, der dem Fremdvergleich standhält.

Verminderung der Steuerbelastung

Bei Vorliegen eines haushaltsnahen Beschäftigungsverhältnisses vermindert sich die Steuerbelastung auf Antrag

- um 20 Prozent von maximal 2.550 Euro der Aufwendungen, höchstens 510 Euro im Jahr, bei geringfügiger Beschäftigung auf 400-Euro-Basis. Dabei muss es sich um ein angemeldetes, haushaltsnahes Beschäftigungsverhältnis handeln;

- um 20 Prozent von maximal 20.000 Euro der Aufwendungen, höchstens 4.000 im Jahr, bei anderen haushaltsnahen Beschäftigungsverhältnissen, für die aufgrund des Beschäftigungsverhältnisses Pflichtbeiträge zur gesetzlichen Sozialversicherung entrichtet werden und die keine Minijobs auf 400-Euro-Basis darstellen.

Nachweis der haushaltsnahen Beschäftigung

Als Nachweis der haushaltsnahen Beschäftigung dient bei geringfügig Beschäftigten allein die Anmeldung bei der Bundesknappschaft im „Haushaltsscheckverfahren". Dieses Verfahren ist nur Privatleuten zugänglich. Eine Teilnahme einer Wohnungseigentümergemeinschaft oder eines Vermieters im Rahmen seiner Vermietertätigkeit ist nicht zulässig. Geringfügige Beschäftigungen von Wohnungseigentümergemeinschaften und Vermietern sind als sogenannte haushaltsnahe Dienstleistungen begünstigt.

Haushaltsnahe Dienstleistungen

Nach § 35 a Abs. 2 Satz 1 EStG sind haushaltsnahe Dienstleistungen begünstigt, die in einem inländischen oder in einem anderen in der Europäischen Union oder im Europäischen Wirtschaftsraum liegenden Haushalt des Steuerpflichtigen erbracht werden und die nicht zu den handwerklichen Leistungen im Sinne des § 35 a Abs. 3 EStG gehören. Gewöhnlich werden haushaltsnahe Dienstleistungen durch Mitglieder des privaten Haushalts selbst erledigt. Sollten diese Arbeiten an eine Dienstleistungsagentur oder einen selbstständigen Dienstleister vergeben werden, so gewährt § 35 Abs. 2 Satz 2 EStG die Möglichkeit, die Steuerlast zu mindern.

Dazu gehören auch geringfügige Beschäftigungsverhältnisse, die durch Wohnungseigentümergemeinschaften und Vermieter im Rahmen ihrer Vermietertätigkeit eingegangen werden.

Begünstigte Aufwendungen und Höhe der Begünstigung

Begünstigte Tätigkeiten sind

- die Reinigung der Wohnung durch einen selbstständigen Dienstleister (z. B. selbstständiger Fensterputzer),

- Kochen und Waschen sowie sämtliche Tätigkeiten im Haushalt durch einen selbstständigen Dienstleister,

- die Pflege von Angehörigen durch Inanspruchnahme eines Pflegedienstes,

- Gartenpflegearbeiten (z. B. Rasenmähen, Heckenschneiden usw.) durch einen selbstständigen Dienstleister,

- der Winterdienst durch einen selbstständigen Dienstleister,

- Umzugsdienstleistungen für Privatpersonen.

Begünstigt sind nur die Aufwendungen für Arbeitszeit, Fahrtkosten und Geräteeinsatzkosten. Materialkosten oder sonstige im Zusammenhang mit der Dienstleistung gelieferte Waren bleiben außer Ansatz.

 STEUERBEGÜNSTIGUNG VON HAUSHALTSNAHEN DIENSTLEISTUNGEN

Haushaltsnahe Dienstleistung	Steuerermäßigung		
	Maximal begünstigte Aufwendung (in Euro)	% der Aufwendungen	Maximaler Steuerabzug (in Euro)
Allgemeine haushaltsnahe Dienstleistung	20.000	20 %	4.000
Pflege- und Betreuungsleistungen auch bei Heimunterbringung (Sonderfall der allgemeinen haushaltsnahen Dienstleistung)	20.000	20 %	4.000

Ausschluss der Steuerbegünstigung

Die Steuerermäßigung für Aufwendungen ist ausgeschlossen, soweit diese zu den Betriebsausgaben oder Werbungskosten gehören. Auch Aufwendungen, die vorrangig als Sonderausgaben, so z. B. Erhaltungsmaßnahmen nach § 10 f EStG, oder als außergewöhnliche Belastungen Berücksichtigung finden, sind als begünstigte Aufwendungen ausgeschlossen.

Handwerkerleistungen als haushaltsnahe Dienstleistungen

Für die Inanspruchnahme von Handwerkerleistungen für Renovierungs-, Erhaltungs- und Modernisierungsmaßnahmen, die in einem inländischen, in der Europäischen Union oder im Europäischen Wirtschaftsraum liegenden Haushalt des Steuerpflichtigen erbracht werden, wird eine Steuerermäßigung nach § 35 a Abs. 3 EStG gewährt. Dies gilt unabhängig davon, ob es sich um regelmäßig vorzunehmende Renovierungsmaßnahmen, kleine Ausbesserungsarbeiten oder um Erhaltungs- und Modernisierungsarbeiten handelt. Das beauftragte Unternehmen muss nicht in der Handwerksrolle eingetragen sein. Es können auch Kleinunternehmer mit den Arbeiten beauftragt werden.

Zu den handwerklichen Tätigkeiten zählen u. a. Arbeiten an Innen- und Außenwänden, am Dach, an der Fassade, an Garagen o. Ä., die Reparatur oder der Austausch von Fenstern und Türen, Streichen/Lackieren von Türen, Fenstern (innen und außen), Wandschränken, Heizkörpern und Rohren, die Reparatur oder der Austausch von Bodenbelägen (z. B. Teppichboden, Parkettfliesen), die Reparatur, die Wartung oder der Austausch von Heizungsanlagen, Elektro-, Gas- und Wasserinstallation, die Modernisierung oder der Austausch der Einbauküche, Modernisierung des Badezimmers, die Reparatur und die Wartung von Gegenständen im Haushalt des Steuerpflichtigen (z. B. Waschmaschine, Geschirrspüler, Herd, Fernseher, Computer), die Gartengestaltung.

HANDWERKSLEISTUNGEN AM NEUBAU NICHT ABZUGSFÄHIG

Handwerkliche Tätigkeiten im Rahmen einer Neubaumaßnahme sind nicht begünstigt. Es muss sich um handwerkliche Tätigkeiten an einem bereits bestehenden Gebäude oder einer Eigentumswohnung handeln.

Nach § 35 a Abs. 3 EStG sind nur die Aufwendungen für die Inanspruchnahme der haushaltsnahen Tätigkeit selbst (Arbeitskosten), einschließlich der in Rechnung gestellten Maschinen- und Fahrtkosten begünstigt. Materialkosten oder sonstige, im Zusammenhang mit der Dienst-/Handwerkerleistung gelieferte Waren (z. B. Fliesen, Tapeten, Farbe oder Pflastersteine) bleiben außer Ansatz.

 ANTEIL DER ARBEITSKOSTEN EXTRA AUSWEISEN LASSEN

Der Anteil der Arbeitskosten muss in der Rechnung grundsätzlich gesondert ausgewiesen sein. Sollte ein Pauschalpreis vereinbart worden sein, so ist die Handwerkerrechnung vom Aussteller um folgenden Hinweis zu ergänzen: „Im Rechnungsbetrag in Höhe von … Euro sind Arbeitskosten in Höhe von … Euro enthalten".

 HANDWERKERLEISTUNGEN SIND IN FOLGENDER HÖHE STEUERBEGÜNSTIGT

Haushaltsnahe Dienstleistungen	Steuerermäßigungen		
	Maximal begünstigte Aufwendungen	20 % der Aufwendungen	Maximaler Steuerabzug
Handwerkerleistungen	6.000 Euro	1.200 Euro	1.200 Euro

Nachweis der haushaltsnahen Dienstleistungen

Sowohl bei Aufwendungen im Rahmen einer haushaltsnahen Dienstleistung als auch bei Handwerker- oder Pflege- und Betreuungsleistungen im Sinne des § 35 a EStG ist die Steuerermäßigung davon abhängig, dass der Steuerpflichtige die Aufwendungen durch Vorlage einer Rechnung und die Zahlung auf das Konto des Leistungserbringers durch einen Beleg des Kreditinstituts nachweist (bis Verrechnungszeitraum 2007). Ab dem Verrechnungszeitraum 2008 genügt es, wenn der Steuerpflichtige die Nachweise auf Verlangen des Finanzamts vorlegen kann.

Bei Wohnungseigentümergemeinschaften gilt hier Folgendes: Besteht ein Beschäftigungsverhältnis zu einer Wohnungseigentümergemeinschaft (z.B. Reinigung und Pflege von Gemeinschaftsräumen) oder ist eine Wohnungseigentümergemeinschaft Auftraggeber der haushaltsnahen Dienstleistung bzw. der handwerklichen Leistung, kommt für den einzelnen Wohnungseigentümer eine Steuerermäßigung unter folgendem Nachweis in Betracht:

- In der Jahresabrechnung der Wohnungseigentümergemeinschaft sind die im Kalenderjahr unbar gezahlten Beträge nach den begünstigten haushaltsnahen Beschäftigungsverhältnissen und Dienstleistungen jeweils gesondert aufzuführen oder der Verwalter der Wohnungseigentümergemeinschaft erstellt eine entsprechende Bescheinigung.

- Der Anteil der steuerbegünstigten Kosten (Arbeits- und Fahrtkosten) muss gesondert ausgewiesen sein.

- Der Anteil des jeweiligen Wohnungseigentümers muss anhand seines Beteiligungsverhältnisses individuell errechnet worden sein.

Da die Wohnungseigentümergemeinschaft zur Wahrnehmung ihrer Aufgaben und Interessen in der Regel einen Verwalter bestellt hat, hat dieser zum Nachweis gegenüber dem Finanzamt eine Bescheinigung in oben genanntem Sinne zu erstellen oder die Jahresabrechnung an die oben genannten Vorgaben anzupassen.

Die Frage, ob der Verwalter aufgrund des bestehenden Verwaltervertrags verpflichtet ist, derartige Bescheinigungen zu erstellen, ist derzeit durch die Gerichte noch nicht endgültig geklärt. Nach unserer rechtlichen Einschätzung hat jedoch der einzelne Wohnungseigentümer zumindest gegen Kostenerstattung einen Anspruch auf Erstellung einer Bescheinigung nach § 35 a EStG gegenüber dem Verwalter. An dieser Stelle muss die aktuelle Entwicklung noch abgewartet werden, bis eindeutige Auskünfte erteilt werden können.

Die vermietete Eigentumswohnung

Vermietet ein Wohnungseigentümer seine Wohnung an Dritte, so erzielt er Einnahmen aus Vermietung und Verpachtung nach § 21 EStG. Die mit der Vermietung ursächlich zusammenhängenden Aufwendungen kann der jeweilige Wohnungseigentümer als sogenannte Werbungskosten steuermindernd berücksichtigen.

Bei den Einkünften aus Vermietung und Verpachtung handelt es sich um sogenannte Überschusseinkünfte, bei denen der zu versteuernde Gewinn oder der zu berücksichtigende Verlust durch eine Gegenüberstellung der Einnahmen und Ausgaben ermittelt wird.

Zur Ermittlung der Einnahmen und Ausgaben stellt der Gesetzgeber auf das sogenannte Zufluss-/Abfluss-Prinzip des § 11 EStG ab. Das bedeutet, dass Einnahmen (z. B. Miete, Betriebskostenvorauszahlungen und Betriebskostennachzahlungen) zum Zeitpunkt des Zuflusses vom steuerpflichtigen Wohnungseigentümer zu erfassen sind. Aufwendungen für die vermietete Eigentumswohnung sind zum Zeitpunkt des Abflusses als Werbungskosten anzusetzen.

Rechnungen von Handwerkern oder sonstigen Dienstleistern für die vermietete Eigentumswohnung können entweder bis Jahresende oder erst im neuen Jahr bezahlt werden und damit steuerwirksam von einem in das andere verlegt werden. Vorauszahlungen ohne Leistung des Handwerkers werden nicht anerkannt.

ABC der Einnahmen aus Vermietung und Verpachtung

Der Wohnungseigentümer muss sämtliche Einnahmen und Nutzungsvorteile aus der Überlassung von Wohnraum oder gewerblichen Teileigentumseinheiten versteuern. Die wesentlichen steuerpflichtigen Einnahmen bestehen in den monatlich zufließenden Mieten, Betriebskostenvorauszahlungen des Mieters und in den vom Mieter jährlich auszugleichenden Betriebskostenabrechnungen.

Ob Zuflüsse zu den Einnahmen aus Vermietung und Verpachtung gehören, sehen Sie im Folgenden:

- *Abstandszahlungen* des Mieters für eine vorzeitige Entlassung aus dem Mietverhältnis sind Einnahmen.

- *Zinsen aus dem Bausparguthaben* sind Einnahmen aus Vermietung und Verpachtung, wenn sie in engem zeitlichen Zusammenhang mit dem Erwerb eines Hauses stehen.

- *Betriebskostenvorauszahlungen/Nachzahlung* aus der Betriebskostenabrechnung sind Einnahmen aus Vermietung und Verpachtung. Betriebskostenerstattungen an den Mieter kürzen die zu versteuernden Einnahmen.

- *Darlehen*, das dem Eigentümer vom Wohnungsnutzenden zinslos gewährt wird, kann in Höhe der üblichen Zinsen eine Einnahme aus Vermietung und Verpachtung sein. Sowohl die Ausreichung als auch die Tilgung des Darlehens sind steuerneutral und somit weder als Einnahmen noch als Ausgaben zu erfassen.

- *Kaufpreisraten*: Die langfristige zinslose Stundung eines Kaufpreises führt beim Erwerber zur Abzinsung des Kaufpreises und damit zu geringeren Anschaffungskosten, die mit der Abschreibung steuermindernd in Ansatz gebracht werden.

- *Kautionen* sind keine Einnahmen aus Vermietung und Verpachtung, da sie dem Mieter zuzurechnen sind. Wird die Kaution bei Beendigung des Mietverhältnisses für Reparaturen und Schadensbeseitigung einbehalten, so führt dies zu Einnahmen aus Vermietung und Verpachtung.

- *Mietzahlungen*, gleich, welcher Art und Höhe, gehören zu den Einnahmen aus Vermietung/Verpachtung.

- *Mietaufwendungen:* Instandhaltungsaufwendungen des Mieters, zu denen er verpflichtet ist, sind keine Einnahmen aus Vermietung und Verpachtung. Ist der Mieter verpflichtet, von ihm vorgenommene Verbesserungen des Mietgegenstandes bei Beendigung des Mietverhältnisses dem Vermieter unentgeltlich zu überlassen, so stellt der Wert der Verbesserung nach § 8 Abs. 2 EStG für den Vermieter eine Einnahme aus Vermietung und Verpachtung dar.

- *Nebenkosten:* Das Entgelt für Nebenleistungen des Vermieters wie z. B. Überlassung eines Gartenanteils oder eines Schwimmbades, sind Einnahmen aus Vermietung und Verpachtung.

- *Verzicht auf Mieteinnahmen* oder Mieterhöhungen, sind keine (fiktiven) Einnahmen aus Vermietung und Verpachtung.

- *Verzugszinsen:* Leistet der Mieter Verzugszinsen wegen verspäteter Zahlung der Miete, stellen diese Einnahmen aus Vermietung und Verpachtung dar.

- *Zinsen:* Zinsen aus der Bildung von Instandhaltungsrücklagen einer Wohnungseigentümergemeinschaft führen zu Einnahmen aus Kapitalvermögen.

Werbungskosten

Werbungskosten sind Aufwendungen zum Erwerb, der Sicherung und dem Erhalt der Einnahmen. Sie sind bei der jeweiligen Einkunftsart steuermindernd abzuziehen, soweit sie mit dieser in einem engen Zusammenhang stehen (§ 9 EStG). Bei den Einkünften aus Vermietung und Verpachtung sind Werbungskosten alle Aufwendungen, bei denen objektiv ein wirtschaftlicher Zusammenhang mit der Vermietung besteht und die subjektiv zur Förderung der Nutzungsüberlassung getätigt werden.

KEINE WERBUNGSKOSTEN BEI SELBSTGENUTZTER WOHNUNG

Werbungskosten können nicht vorliegen, wenn keine Einnahmen erzielt werden.

Die wesentlichen Werbungskosten aus Vermietung und Verpachtung sind die Absetzung für Abnutzung, kurz AfA genannt, und Absetzung der Instandhaltungs- und Instandsetzungskosten.

Absetzung für Abnutzung (AfA)

Die Absetzung für Abnutzung, kurz AfA genannt, kann vom Wohnungseigentümer für die Anschaffungs- und Herstellungskosten der Eigentumswohnung sowie den anschaffungsnahen Aufwand steuermindernd geltend gemacht werden. Diese Kosten können jedoch nicht in dem Jahr, in dem sie anfallen, zu 100 Prozent abgezogen werden, sondern sind entsprechend der Nutzungsdauer und den Regelungen der §§ 7 ff EStG auf mehrere Jahre zu verteilen.

Die übliche Abschreibung beträgt derzeit für vermietete Gebäude zu Wohnzwecken:

 GEBÄUDE, DIE WOHNZWECKEN DIENEN, § 7 ABS. 4 UND ABS. 5 ESTG

Lineare Gebäude-Abschreibung, § 7 Abs. 4 EStG	
• Fertigstellung vor dem 1.1.1925	Jeweils 2,5 %
• Fertigstellung nach dem 31.12.1924	Jeweils 2,0 %

Degressive Gebäude-Abschreibung, § 7 Abs. 5 EStG
• Der Bauantrag wurde nach dem 28.2.1989 und vor dem 1.1.1996 gestellt oder
• Die Anschaffung erfolgt durch einen rechtswirksam abgeschlossenen obligatorischen Vertrag (= notarieller Kaufvertrag) nach dem 28.2.1989 und vor dem 1.1.1996:

● im Jahr der Fertigstellung und in den folgenden drei Jahren	jeweils 7,00 %
● in den darauf folgenden sechs Jahren	jeweils 5,00 %
● in den darauf folgenden sechs Jahren	jeweils 2,00 %
● in den darauf folgenden 24 Jahren	jeweils 1,25 %

● Der Bauantrag wurde nach dem 31.12.1995 und vor dem 1.1.2004 gestellt oder

● Die Anschaffung erfolgt durch einen rechtswirksam abgeschlossenen obligatorischen Vertrag (= notarieller Kaufvertrag) nach dem 31.12.1995 und vor dem 1.1.2004:

● im Jahr der Fertigstellung und in den folgenden sieben Jahren	jeweils 5,00 %
● in den darauf folgenden sechs Jahren	jeweils 2,50 %
● in den darauf folgenden 36 Jahren	jeweils 1,25 %

● Degressive Afa seit dem 1.1.2005 abgeschafft.

Abschreibungsfähig sind nur die Kosten zum Erwerb der Eigentumswohnung, die Herstellungskosten für die Eigentumswohnung sowie der angefallene anschaffungsnahe Aufwand.

 GRUND UND BODEN IST NICHT ABSCHREIBUNGSFÄHIG

Da der Abschreibung nur der Gebäudewert zugänglich ist, muss zur Ermittlung der Abschreibungsgrundlage von dem Kaufpreis der Grund- und Bodenanteil ermittelt und in Abzug gebracht werden.

Zur Ermittlung der AfA Bemessungsgrundlage, das heißt Kaufpreis und Herstellungskosten, die jeweils nur auf das Gebäude entfallen, bieten sich drei Methoden an:

- *BFH-Methode:* Ermittlung des Verhältnisses der Verkehrswerte des Grund und Bodens zum aufstehenden Gebäude bzw. der aufstehenden Eigentumswohnung. Diese Methode erfordert ein Sachverständigen-gutachten und hat daher geringe Praxisrelevanz.

- *Restwertmethode:* Der Anteil des Grund und Bodens wird unter Heranziehung der sogenannten Bodenrichtwerte, veröffentlicht durch den jeweiligen Gutachterausschuss der Gemeinde, ermittelt. Von dem Kaufpreis, vereinbart im notariellen Kaufvertrag, wird sodann der Grund- und Bodenanteil in Abzug gebracht. Diese Methode führt in der Regel zu hohen Bodenwerten und einem niedrigen Abschreibungs-volumen.

- *Prozentwertmethode:* Hier wird ein pauschaler Abschlag, je nach Lage und Ort der jeweiligen Eigentumswohnung von 20 bis 30 Prozent aus dem Gesamtkaufpreis bzw. Gesamtherstellungskosten für den Grund- und Bodenanteil ermittelt. Je nach Finanzamt ist hier die Handhabe unterschiedlich.

 GRUND- UND BODENANTEIL GESONDERT AUSWEISEN

Es wird empfohlen, im notariellen Kaufvertrag bzw. Bauträgervertrag den Grund- und Bodenanteil sowie den darauf entfallenden Kaufpreis gesondert auszuweisen. Dies ermöglicht dem Steuerpflichtigen, unter Hinweis auf die notarielle Urkunde den Kaufpreis für den Grund- und Bodenanteil direkt zu ermitteln. Sollten die Angaben im Kaufvertrag nicht gänzlich von der Realität abweichen, so wird das Finanzamt diese Werte zur Ermittlung des Grund- und Bodenanteils berücksichtigen.

Ermittlung der Gesamtanschaffungskosten/Gesamt-herstellungskosten

Bei der Ermittlung der Anschaffungs- bzw. Herstellungskosten sind sämtliche Nebenerwerbskosten mit einzubeziehen. So gehören zu den Anschaffungs-/Herstellungskosten folgende Positionen:

- Herstellungskosten,

- Kaufpreis,

- Maklerprovision,

- Grunderwerbsteuer,

- Notarkosten,

- Grundbucheintragungskosten,

- Fahrtkosten zur Besichtigung des zu erwerbenden Wohnungseigentums.

Abgrenzung Anschaffungskosten/Herstellungskosten/Erhaltungsaufwendungen/anschaffungsnahe Aufwendungen

Um die steuerliche Geltendmachung von Aufwendungen richtig einzuschätzen, ist es erforderlich, dass der Steuerpflichtige unterscheidet zwischen

- Anschaffungs- und Herstellungskosten: AfA

- anschaffungsnahe Aufwendungen: AfA

- Erhaltungsaufwand: sofort abzugsfähig

Sofort abzugsfähig ist von diesen Aufwendungen nur der Erhaltungsaufwand. Anschaffungskosten, Herstellungskosten und anschaffungsnahe Aufwendungen können nur mit der jährlichen Abschreibung steuermindernd geltend gemacht werden.

Die Abgrenzung von Anschaffungs- und Herstellungskosten und Erhaltungsaufwand ist oftmals schwierig zu treffen.

Bei umfassenden Sanierungsmaßnahmen ist zu beachten, dass eine Anhebung des Gebäudestandards von einfachem Standard auf mittleren Standard oder vom mittleren Standard auf gehobenen Standard zu nachträglichen Herstellungskosten führt. Dies hat entscheidenden Einfluss auf die steuerliche Abschreibung.

 FACHKUNDIGEN RAT EINHOLEN

Vor Durchführung einer umfassenden Sanierungs- und Instandhaltungsmaßnahme ist es dringend erforderlich, dass steuerrechtlicher Rat eingeholt wird. Da die einzelnen Regelungen komplex sind, muss die gesamte Baumaßnahme mit dem steuerrechtlichen Berater besprochen und die steuerliche Auswirkung berechnet werden.

Hat der Steuerpflichtige unmittelbar nach Erwerb der neuen Eigentumswohnung einen hohen Instandhaltungsaufwand, so muss überprüft werden, ob hier anschaffungsnahe Aufwendungen vorliegen, die nicht sofort als Werbungskosten abzugsfähig sind, sondern nur in Höhe der jährlichen Abschreibung steuermindernd ausgewiesen werden können. Anschaffungsnahe Aufwendungen liegen vor, wenn Aufwendungen ohne Mehrwertsteuer in den ersten drei Jahren nach Erwerb/Anschaffung der Eigentumswohnung mehr als 15 Prozent der Anschaffungskosten der Eigentumswohnung entfallend auf den Gebäudeteil betragen. In die 15-Prozent-Grenze sind nicht einzubeziehen:

- Erweiterung im Sinne des § 255 Abs. 2 Satz 1 HGB, so z. B. Aufstockung, Anbau, Vergrößerung der Wohnnutzfläche;

- Erhaltungsaufwendungen, die üblicherweise jährlich anfallen.

Wird die 15-Prozent-Grenze in den ersten drei Jahren nach Erwerb der Eigentumswohnung überschritten, so sind sämtliche Aufwendungen in den ersten drei Jahren der Instandhaltungsmaßnahmen als nachträgliche Herstellungskosten zu behandeln und somit nur in Höhe der Abschreibung steuermindernd anzusetzen.

Die Finanzämter erlassen diesbezüglich in der Regel die Bescheide unter dem Vorbehalt der Nachprüfung, um sich die Änderungsmöglichkeit vorzubehalten.

Erhaltungsaufwendungen liegen vor, wenn sie für die Erneuerung bereits vorhandener Teile oder Anlagen der Eigentumswohnung oder des Gemeinschaftseigentums aufgewandt werden. Sie können sowohl durch Instandhaltungsmaßnahmen am Gemeinschaftseigentum als auch durch Instandhaltungsmaßnahmen am jeweiligen Sondereigentum entstehen. Die Verwendung von besseren Materialien und die Berücksichtigung von modernen technischen Kenntnissen stehen der Behandlung als Erhaltungsaufwand nicht entgegen.

Größere Erhaltungsaufwendungen, die nach dem 31.12.2003 an vermieteten Eigentumswohnungen des Privatvermögens zu Wohnzwecken entstanden sind, können auf zwei bis fünf Jahre nach Wahl des Steuerpflichtigen verteilt werden. Diese Wahlmöglichkeit besteht aber nur bei Vermietung zu Wohnzwecken.

ABC der Werbungskosten

Der Wohnungseigentümer kann folgende Aufwendungen steuermindernd als Werbungskosten in Ansatz bringen. Die Auflistung ist nur beispielhaft und nicht vollständig.

- *Abfindungen, Abstandszahlungen:* Eine an den Mieter gezahlte Abfindung für die vorzeitige Räumung des Mietgegenstandes kann als Werbungskosten abgezogen werden, wenn die frei gemachte Wohnung anschließend wieder vermietet wird oder wenn die Abfindung für Erhaltungsmaßnahmen des Mieters bezahlt wird, zu denen er nicht verpflichtet war. Werbungskosten liegen nicht vor, wenn der Mietgegenstand veräußert oder vom Eigentümer selbst benutzt wird.

- *Anzeigen:* Anzeigen in Tageszeitungen usw. wegen Mietersuche sind Werbungskosten.

- *Außenanlagen:* Laufende Unterhaltsleistungen für die Außenanlagen (z. B. Zaun, Grünflächenwege) sind Werbungskosten.

- *Außenputz:* Die Erneuerung des Außenputzes stellt Erhaltungsaufwand und damit sofort anzugsfähige Werbungskosten dar.

- *Baubetreuungskosten:* Von den Baubetreuungskosten können 1/8, jedoch nicht mehr als 0,5 Prozent des Gesamtaufwandes als sofort abzugsfähige Webungskosten geltend gemacht werden. Der Restbetrag sind Herstellungskosten.

- *Baumängelbeseitigung:* Werden Baumängel während der Bauzeit beseitigt, so führt dies nicht zu Werbungskosten, sondern zu Anschaffungs- bzw. Herstellungskosten. Treten Baumängel nach der Fertigstellung des Gebäudes auf, so sind die Kosten der Beseitigung Erhaltungsaufwand.

- *Bewirtschaftungskosten* wie z. B. die umlagefähigen Betriebskosten nach BetrKV und die Verwalterhonorare sind sofort abzugsfähige Werbungskosten. Die vom Mieter über die Abrechnung der umlagefähigen Betriebskosten bezahlten Aufwendungen sind wiederum als Einnahmen aus Vermietung und Verpachtung zu versteuern (z. B. Vorauszahlungen auf die umlagefähigen Betriebskosten sowie Ausgleich der Jahresabrechnung).

- *Dacherneuerung:* Die Erneuerung der Dachdeckung ist sofort abzugsfähiger Erhaltungsaufwand und zählt zu den Werbungskosten.

- *Erhaltungsaufwand:* Aufwendungen für die Erneuerung von bereits vorhandenen Teilen oder Anlagen sind Erhaltungsaufwand und grundsätzlich sofort abzugsfähige Webungskosten, z. B. Erneuerung der Bodenbeläge, Erneuerung des Anstrichs der Decken und Wände sowie der Sanitäreinrichtungen, Ausbessern des vorhandenen Verputzes, Dacherneuerung usw.

- *Erschließungskosten:* Die Instandhaltung bereits vorhandener Erschließungseinrichtungen – z. B. der Anschluss eines mit Wasser versorgten Grundstücks an die öffentliche Wasserversorgung – ist Erhaltungsaufwand und damit als Webungskosten sofort abzugsfähig. Entscheidend kommt es hierbei darauf an, dass bereits eine Wasserversorgung vorhanden war.

- *Finanzierungskosten/Geldbeschaffungskosten* wie z. B. Darlehensgebühren, Eintragung einer Grundschuld, Schätzungskosten der Bank sind sofort abzugsfähige Werbungskosten.

- *Fußböden:* Die Erneuerung des vorhandenen Bodenbelags führt zu Werbungskosten. Dies gilt auch dann, wenn ein anderes Material verwendet wird.

- *Gartenanlagen:* Die Pflege und Unterhaltung der Gartenanlage sowie die Anschaffung von Materialien wie z. B. Dünger, Schädlingsbekämpfung, Ersatz von Bäumen und Sträuchern, Gartengeräten sind Werbungskosten.

- *Grundbucheintragungsgebühr:* Als Werbungskosten sind hier die Gebühren zur Eintragung einer Hypothek oder Grundschuld abzugsfähig. Die Gebühren für die Auflassungsvormerkung und Eigentumsumschreibung führen zu Anschaffungskosten und sind somit nur AfA-fähig.

- *Grunderwerbsteuer:* Die Grunderwerbsteuer gehört zu den Anschaffungskosten und führt somit zur AfA. Sofort abzugsfähige Werbungskosten entstehen nicht.

- *Grundsteuer* ist als Werbungskosten abzugsfähig.

- *Hausmeistervergütung:* Die Vergütung eines Hausmeisters sind Werbungskosten, unabhängig davon, ob sie auf den Mieter umgelegt werden können.

- *Hausverwaltungskosten* sind Werbungskosten.

- *Heizungsanlagen:* Der Austausch einer Heizungsanlage ist grundsätzlich Erhaltungsaufwand, somit sofort abzugsfähige Werbungskosten.

- *Hofbefestigung:* Die Erneuerung oder Ausbesserung der vorhandenen Hofbefestigung ist sofort abzugsfähiger Erhaltungsaufwand und zählt damit zu den Werbungskosten.

- *Instandhaltungsrücklage* bei Eigentumswohnungen: Die Bildung der Instandhaltungsrücklage führt nicht zu Werbungskosten, da dem Vermieter/Eigentümer dieser Betrag noch nicht endgültig abgeflossen ist.

- *Kabelgebühren* sind Werbungskosten.

- *Kaminkehrergebühren* sind Werbungskosten.

- *Kanalisation:* Die Kosten für den Anschluss an die Kanalisation als Ersatz für eine bereits vorhandene Sickergrube oder an eine eigene Kläranlage sind Erhaltungsaufwendungen und sofort abzugsfähig; der Erstanschluss an den Kanal sind Anschaffungskosten auf den Grund und Boden und nicht abschreibungsfähig.

- *Kontogebühren* sind Werbungskosten, sofern auf dem Konto die Einnahmen und Ausgaben aus Vermietung und Verpachtung geführt werden.

- *Maklerprovision* für die Vermittlung von Mietern sind Werbungskosten. Die Maklerprovision für Kauf und Verkauf eines Grundstücks sind Anschaffungskosten.

- *Müllabfuhrgebühren* sind Werbungskosten.

- *Notargebühren:* Soweit Notargebühren zum Erwerb einer Immobilie oder bei der Veräußerung anfallen, führt dies nicht zu Werbungskosten, sondern allenfalls zu Anschaffungskosten. Die Notargebühren für die Eintragung von Hypotheken oder einer Grundschuld sind sofort abzugsfähige Werbungskosten der Geldbeschaffung.

- *Rechtsanwaltskosten:* Soweit Rechtsanwaltskosten im Zusammenhang mit der Vermietung/Verpachtung für Klagen gegen Mieter oder beauftragte Handwerker anfallen, liegen sofort abzugsfähige Werbungskosten vor. Entstehen die Rechtsanwaltsgebühren jedoch für den Erwerb oder den Verkauf einer Immobilie, so handelt es sich allenfalls um Anschaffungskosten.

- *Schönheitsreparaturen:* Soweit der Vermieter die Kosten für die Schönheitsreparaturen trägt, ist der Aufwand als sofort abzugsfähige

Werbungskosten anzusetzen. Werden Schönheitsreparaturen vom Mieter durchgeführt, ergeben sich keinerlei steuerlichen Auswirkungen.

- *Sonderumlagen* werden in der Regel für größere Erhaltungsaufwendungen am Gemeinschaftseigentum erhoben. Ob es sich hierbei tatsächlich um sofort abzugsfähige Werbungskosten (das heißt Erhaltungsaufwand) handelt, kann nur entschieden werden, wenn das Finanzamt Kenntnis über die Art und Weise der Baumaßnahme hat. Wurde durch die Sonderumlage z. B. der Neubau von Balkonen finanziert, so liegen darin nachträgliche Herstellungskosten, da das Anwesen vormals über keine Balkone verfügte und somit eine Substanzmehrung stattgefunden hat. Der einzelne Wohnungseigentümer kann eine derartige Sonderumlage nur als nachträgliche Herstellungskosten über die AfA absetzen. Gleiches gilt für den nachträglichen Einbau von Aufzugsanlagen. Wurde durch die Sonderumlage die Instandsetzung der Balkone finanziert, so kann die Sonderumlage sofort in voller Höhe als Werbungskostenabzug geltend gemacht werden.

- *Versicherungen:* Leistungen für Brand-, Glas-, Leitungswasser-, Sturm-, Grundstücks-, Rechtsschutz-, Gewässerschaden-, Öltank- und Haftpflicht- sowie andere Sachversicherungen sind Werbungskosten.

- *Zinsen* sind Werbungskosten, soweit sie mit dem Erwerb der Immobilie oder deren Instandhaltung im Zusammenhang stehen.

Vermietung an nahe Angehörige

Die Vermietung der Eigentumswohnung an nahe Angehörige (z. B. das studierende Kind) findet sich in der Praxis häufig. Dabei werden die Eigentumswohnungen in der Regel verbilligt an die Angehörigen überlassen. Sowohl bei einer Vermietung zur ortsüblichen Miethöhe als auch bei einer verbilligten Überlassung an nahe Angehörige müssen die Grundsätze der Verträge unter nahen Angehörigen beachtet werden.

Mietverträge unter nahen Angehörigen sind nur dann steuerrechtlich anzuerkennen, wenn

- ein bürgerlich-rechtlich wirksamer Mietvertrag abgeschlossen wurde,

- die Gestaltung des Vereinbarten dem zwischen fremden Dritten Üblichen entspricht (= Fremdvergleich) und

- die Vereinbarung auch tatsächlich durchgeführt wurde (tatsächliche Durchführung).

Bei der Prüfung der Verträge unter nahen Angehörigen wird der wesentliche Schwerpunkt auf den Fremdvergleich gelegt. Dabei wird die vertragliche Regelung in ihrer Gesamtheit beurteilt. Nicht jede Abweichung vom Üblichen schließt die steuerliche Anerkennung aus. Für die steuerliche Anerkennung ist jedoch zwingende Voraussetzung, dass die Hauptverpflichtungen der Mietvertragsparteien geregelt sind.

Folgende Fallgestaltungen wurden als fremdüblich von den Gerichten anerkannt:

- Barzahlungen ohne Quittung führen für sich allein noch nicht zur Nichtanerkennung des Mietvertrags.

- Unregelmäßige Mietzahlungen, keine Vereinbarung oder Ungenauigkeiten bei den Nebenkosten führen nicht zur Nichtanerkennung des Mietvertrags.

- Bei Mietverhältnissen zwischen Eltern mit einem unterhaltsberechtigten Kind ist die steuerliche Anerkennung nicht deshalb zu versagen, weil die Miete aus dem geleisteten Barunterhalt der Eltern bezahlt wird.

 LASSEN SIE SICH BERATEN

Vor Abschluss eines Mietvertrags mit einem nahen Angehörigen sollte dringend eine steuerliche Beratung eingeholt werden.

Einkunftserzielungsabsicht

Um die durch die Vermietung und Verpachtung erzielten steuerlichen Verluste geltend machen zu können, ist es erforderlich, dass der Steuerpflichtige gegenüber dem Finanzamt seine Einkunftserzielungsabsicht darlegt. Fehlt es an der Einkunftserzielungsabsicht, so kann der Steuerpflichtige die mit der Vermietung und Verpachtung zusammenhängenden Verluste steuerlich nicht geltend machen.

Bei einer auf Dauer angelegten Vermietung ist grundsätzlich ohne weitere Prüfung von einer Einkunftserzielungsabsicht auszugehen. Dies gilt jedoch dann nicht, wenn eine verbilligte Wohnungsüberlassung stattfindet oder eine Ferienwohnung vermietet wird.

Eine Vermietung ist auf Dauer angelegt, wenn sie zum Zeitpunkt des Abschlusses des Mietvertrages keiner Befristung unterliegt und auf unbestimmte Zeit abgeschlossen werden.

 VORSICHT BEI ZEITMIETVERTRÄGEN

Bei Abschluss von Zeitmietverträgen muss der Steuerpflichtige nachweisen, dass er innerhalb des zur Vermietung festgelegten Zeitraums einen Überschuss aus der Vermietung zu erzielen vermag. Bei fremdfinanzierten, neu erworbenen Eigentumswohnungen wird dem Wohnungseigentümer dieser Nachweis in der Regel nicht gelingen. Vor Abschluss eines Zeitmietvertrages ist daher dringend rechtlicher und steuerrechtlicher Rat einzuholen.

Liegen Indizien vor, die auf eine Veräußerung- oder Selbstnutzungsabsicht nach kurzfristiger Vermietung hinweisen, so wird die Finanzverwaltung die Einkunftserzielungsabsicht verneinen. Indizien in diesen Fällen sind

- die Beteiligung an einem Mietkaufmodell,

- die Entscheidung für eine nur vorübergehende Vermietung und Beteiligung an einem Bauherrnmodell mit Rückkaufangebot oder Verkaufsgarantie,

- der Abschluss von kurzfristigen, befristeten Zeitmietverträgen,

- die Finanzierung des nötigen Fremdkapitals für nur kurze Zeit,

- der Verkauf der Eigentumswohnung innerhalb von fünf Jahren nach Erwerb.

Bei Vorliegen der oben ausgeführten Indizien muss der Steuerzahler seine Einkunftserzielungsabsicht beweisen. Er kann die gegen die Einkunftserzielungsabsicht sprechenden Indizien nur erschüttern, indem er Umstände schlüssig darlegt und unter Beweis stellt, die dafür sprechen, dass er den Entschluss zur Veräußerung bzw. Selbstnutzung erst nachträglich, das heißt nach Abschluss des Mietvertrages gefasst hat. Diese Beweise sind oftmals schwer zu führen, da sowohl die Verkaufsabsicht als auch die Vermietungsabsicht in der Regel zu diesem Zeitpunkt nicht dokumentiert werden.

Auch bei der verbilligten Vermietung entstehen mit dem Finanzamt oftmals Probleme hinsichtlich der Anerkennung der Werbungskosten bzw. des Verlustes. Dabei sind folgende Fallvarianten zu unterscheiden:

- Die Miete beträgt ohne umlagefähigen Betriebskosten mindestens 75 Prozent der ortsüblichen Miete. In diesem Fall wird von der Finanzverwaltung die Einkunftserzielungsabsicht vermutet und der Werbungskostenabzug in voller Höhe anerkannt.

- Die Miete beträgt ohne umlagefähige Betriebskosten mindestens 56 Prozent und höchstens 74 Prozent der ortsüblichen Miete. In diesem Fall liegt eine verbilligte Miete vor, sodass dieses Indiz gegen eine Einkunftserzielungsabsicht spricht. Der Steuerpflichtige muss in diesen Fällen seine Absicht, Einkünfte zu erzielen, durch Vorlage einer Überschussprognose nachweisen. Führt die erstellte Überschussprognose zu einem Totalüberschuss, so werden die Werbungskosten in voller Höhe anerkannt. Ergibt sich jedoch bei der Erstellung der Überschussprognose ein negatives Ergebnis, so ist der Mietvertrag in ein entgeltliches und ein unentgeltliches Rechtsgeschäft aufzuteilen und der Werbungskostenabzug in Höhe des unentgeltlichen Teils zu kürzen.

■ Liegt die Miete unter 56 Prozent der ortsüblichen Miete, so findet ohne nähere Prüfung eine Aufteilung des Rechtsgeschäfts in einen entgeltlichen und unentgeltlichen Teil statt. Die Werbungskosten sind nur in Höhe des entgeltlichen Teiles abzugsfähig.

Veräußerung der Eigentumswohnung

Auch die Veräußerung der im Privatvermögen gehaltenen Eigentumswohnung bzw. Teileigentumseinheit kann beim Wohnungseigentümer eine Steuerpflicht auslösen. Sind nämlich zwischen Erwerb und Verkauf der Eigentumswohnung/Teileigentumseinheit nicht mehr als zehn Jahre vergangen, so wird die Veräußerung der Immobilie grundsätzlich der Spekulationsbesteuerung nach § 23 EStG unterworfen. Dabei handelt es sich um Einkünfte nach § 23 EStG, die nach dem persönlichen Steuersatz zu versteuern sind.

Zur Berechnung der Zehnjahresfrist ist in der Regel das Datum der jeweiligen Kaufvertragsabschlüsse beim Notar entscheidend. Auf den Übergang von Besitz, Nutzen und Lasten sowie die Eigentumseintragung im Grundbuch kommt es dabei nicht an. Zur Vermeidung eines Spekulationsgeschäfts müssen zwischen Erwerb und Veräußerung (jeweils notarielle Kaufvertragsabschlüsse) mehr als zehn Jahre liegen.

 VORVERTRAG KANN AUF SPEKULATIONSGESCHÄFT HINWEISEN

Auch der Abschluss eines bürgerlich-rechtlich wirksamen, beide Vertragsparteien bindenden Vorvertrags kann bereits für den Eintritt eines Spekulationsgewinns maßgebend sein. Durch reine Verkaufsbemühungen der Eigentumswohnung entsteht jedoch noch kein steuerrechtlicher Nachteil, es können somit Verkaufsverhandlungen geführt werden.

Eine Ausnahme von der Spekulationsversteuerung sieht das Gesetz für selbst genutzte Eigentumswohnungen vor. Ein steuerpflichtiger Veräußerungsfall liegt nicht vor, wenn die Eigentumswohnung im Zeitraum zwischen Anschaffung oder Fertigstellung und Veräußerung ausschließlich zu eigenen Wohnzwecken oder im Jahr der Veräußerung und den beiden vorausgegangenen Jahren zu eigenen Wohnzwecken genutzt wurde.

Erwirbt der Steuerpflichtige die Eigentumswohnung durch Erbfall oder durch vorweggenommene Erbfolge im Wege der Schenkung, so ist darin keine Anschaffung oder Veräußerung im Sinne des § 23 EStG zu sehen. Etwas anderes gilt nur dann, wenn der Erwerber zu Gegenleistungen verpflichtet wird (z. B. Schuldübernahme).

Zur Berechnung der Zehnjahresfrist muss sich der Beschenkte oder Erbe den Erwerbszeitpunkt des Schenkers bzw. Erblassers zurechnen lassen. Liegt der Erwerb des Schenkers bzw. des Erblassers also zehn Jahre vor der Veräußerung durch den Beschenkten oder Erben, muss dieser keine Spekulationsbesteuerung vornehmen.

Der Gewinn aus einem steuerpflichtigen Veräußerungsvorgang nach § 23 EStG ermittelt sich aus dem Unterschiedsbetrag zwischen Veräußerungserlös und den Anschaffungs- oder Herstellungskosten. Dieser Betrag ist um die Werbungskosten, die mit dem Veräußerungsgeschäft in ursächlichem Zusammenhang stehen, zu kürzen. Außerdem muss bei Erwerb einer Eigentumswohnung nach dem 31.7.1995 Gewinn erhöhend die Abschreibung hinzugerechnet werden.

Stichwortverzeichnis